Muitas Vidas,
Muitos Mestres

Muitas Vidas, Muitos Mestres
BRIAN WEISS

Título original: *Many Lives, Many Masters*

Copyright © 1988 por Brian L. Weiss, M.D.
Copyright da tradução © 2009 por GMT Editores Ltda.
Todos os direitos reservados. Nenhuma parte deste livro pode ser utilizada ou reproduzida sob quaisquer meios existentes sem autorização por escrito dos editores.

tradução: Talita M. Rodrigues

preparo de originais: Regina da Veiga Pereira

revisão: Ana Grillo, Claudia Ajuz, Hermínia Totti, Isa Laxe, Luis Américo Costa, Rita Godoy, Sérgio Bellinello Soares e Sheila Til

projeto gráfico e diagramação: Ana Paula Daudt Brandão

impressão e acabamento: Bartira Gráfica

CIP-BRASIL. CATALOGAÇÃO NA PUBLICAÇÃO
SINDICATO NACIONAL DOS EDITORES DE LIVROS, RJ

W457m

    Weiss, Brian L. (Brian Leslie), 1944-
        Muitas vidas, muitos mestres / Brian Weiss ; tradução Talita M. Rodrigues. - 2. ed. - Rio de Janeiro : Sextante, 2024.
        176 p. ; 21 cm.

    Tradução de: Many lives, many masters
    ISBN 978-65-5564-862-1

        1. Terapia de vidas passadas. 2. Reencarnação. I. Rodrigues, Talita M. II. Título.

24-88388   CDD: 133.9013
                             CDU: 615.851:129

Gabriela Faray Ferreira Lopes - Bibliotecária - CRB-7/6643

Todos os direitos reservados, no Brasil, por
GMT Editores Ltda.
Rua Voluntários da Pátria, 45 – 14º andar – Botafogo
22270-000 – Rio de Janeiro – RJ
Tel.: (21) 2538-4100
E-mail: atendimento@sextante.com.br
www.sextante.com.br

A Carole, minha mulher, cujo amor é meu alimento e amparo há mais tempo do que tenho lembrança. Juntos estamos, até o fim dos tempos.

Dedico meu amor e meu agradecimento aos meus filhos Jordan e Amy, que me perdoaram por lhes roubar tanto tempo a fim de escrever este livro.

Agradeço também a Nicole Paskow, por transcrever as fitas gravadas durante as sessões de terapia.

E a Julie Rubin, cujas sugestões editoriais após a leitura do primeiro esboço do livro foram muito valiosas.

Meus sinceros agradecimentos a Barbara Gess, minha editora na Simon & Schuster, por sua perícia e coragem.

Meu profundo apreço a todos os outros, aqui e ali, que tornaram este livro possível.

Prefácio

Sei que para tudo há uma razão. Talvez na hora não tenhamos o discernimento nem a percepção para compreendê-la, porém, com tempo e paciência, ela acaba por se revelar. Assim foi com Catherine. Eu a vi pela primeira vez em 1980, quando ela estava com 27 anos. Ela veio ao meu consultório buscando ajuda por causa da ansiedade, das crises de pânico e fobias. Embora esses sintomas se manifestassem desde a infância, tinham piorado nos últimos tempos. A cada dia ela se sentia mais paralisada emocionalmente e menos capaz de agir. Estava apavorada e, compreensivelmente, deprimida.

Em contraste com o caos que estava sendo a vida de Catherine na época, a minha fluía suavemente. Eu tinha um casamento estável, dois filhos pequenos e uma carreira em ascensão.

Desde o início minha vida sempre pareceu dar certo. Cresci num lar cheio de amor. O sucesso acadêmico veio com facilidade, e no segundo ano de faculdade eu tinha decidido ser psiquiatra.

Formei-me com louvor na Universidade Columbia, em Nova York, em 1966. Em seguida, fui para a Faculdade de Medicina da Universidade Yale, onde me graduei em 1970. Após um estágio como residente no Centro Médico de Bellevue da Universidade de Nova York, voltei a Yale para completar minha residência em psiquiatria. Ao terminar, aceitei um cargo de professor na Universidade de Pittsburgh. Dois anos depois, ingressei no corpo docente da Universidade de Miami, chefiando a Divisão de Psicofarmacologia. Lá alcancei reconhecimento nacional nas áreas de psiquiatria biológica e abuso de drogas. Depois de quatro anos, fui promovido a professor adjunto de psiquiatria da Faculdade de Medicina e nomeado chefe da Psiquiatria num grande hospital filiado à universidade, em Miami. Naquela época, já publicara 37 ensaios científicos e capítulos de livros nessa área.

Durante anos de estudo disciplinado, fui treinado para pensar como cientista e médico, amoldando-me aos estreitos caminhos do conservadorismo na minha profissão. Desconfiava de tudo que não se pudesse provar por métodos científicos tradicionais. Sabia dos estudos de parapsicologia que estavam sendo feitos nas principais universidades do país, mas eles não despertavam meu interesse. Pareciam-me muito artificiais.

Então encontrei Catherine. Durante 18 meses utilizei os métodos convencionais de terapia para ajudá-la a superar seus sintomas. Quando nada pareceu funcionar, tentei a hipnose. Numa série de transes hipnóticos, ela recordou-se de fatos ligados a suas "vidas passadas", que se revelaram a causa do que estava sentindo. Ela pôde também atuar como canal de informação de "entidades espirituais" altamente desenvolvidas, revelando, por meio delas, vários mistérios da vida e da morte. Em apenas alguns meses, os sintomas desapareceram e ela retomou sua vida mais feliz e em paz do que nunca.

Nada em meu passado me preparara para aquilo. Fiquei totalmente surpreso quando essas coisas aconteceram.

Não tenho uma explicação científica para esses fatos. Há muitas coisas acerca da mente humana que se encontram além da nossa compreensão. Talvez, hipnotizada, Catherine tenha sido capaz de focalizar a parte de seu subconsciente que armazenou lembranças reais de vidas passadas, ou, quem sabe, ela tenha acessado aquilo que o psicanalista Carl Jung denominou inconsciente coletivo, a fonte de energia que nos cerca e que contém a memória de toda a humanidade.

Os cientistas estão começando a procurar respostas para isso. Enquanto sociedade, temos muito a ganhar com as pesquisas sobre os mistérios da mente, da alma, da continuação da vida após a morte e da influência de vidas passadas no nosso comportamento atual. É óbvio que as ramificações são ilimitadas, principalmente nos campos da medicina, da psiquiatria, da teologia e da filosofia. A pesquisa científica rigorosa nessa área, contudo, está engatinhando. Há alguns progressos nessas investigações, mas o processo é lento e esbarra na resistência de cientistas e leigos.

Em toda a História, a humanidade tem resistido às mudanças e à aceitação de novas ideias. A tradição histórica está repleta de exemplos. Quando Galileu descobriu as primeiras luas de Júpiter, os astrônomos da época se recusaram a aceitar – e até a olhar – esses satélites, porque a existência deles era incompatível com suas crenças. O mesmo acontece com psiquiatras e outros terapeutas que se recusam a examinar e avaliar o número considerável de provas acerca da sobrevivência, após a morte física, de lembranças de vidas passadas. Seus olhos permanecem firmemente cerrados.

Este livro é a minha pequena contribuição para as pesquisas que estão sendo feitas no campo da parapsicologia, sobretudo no ramo que trata de nossas experiências anteriores ao nascimento e após a morte. Tudo o que está aqui descrito é verdade. Não acrescentei nada, e suprimi apenas as repetições. Alterei ligeiramente a identidade de Catherine para garantir a confidencialidade.

Levei quatro anos para decidir escrever o que aconteceu, quatro anos para reunir coragem e assumir o risco profissional de revelar esses fatos nada ortodoxos.

De repente, uma noite, enquanto tomava banho, me senti compelido a colocar no papel a experiência. Tive uma forte sensação de que o momento chegara, de que eu não deveria mais guardar o que sabia. Devia dividir com os outros o que aprendi, e não manter em segredo. O conhecimento viera através de Catherine, agora cabia a mim transmiti-lo. Estava consciente de que nenhuma consequência que viesse a enfrentar seria tão arrasadora como a de não compartilhar o conhecimento que eu adquirira sobre a imortalidade e o verdadeiro sentido da vida.

Saí rapidamente do chuveiro e me sentei à mesa, com a pilha de fitas que gravara durante as sessões com Catherine. Nas primeiras horas da madrugada, pensei no meu velho avô húngaro, que morreu quando eu ainda era adolescente. Sempre que lhe dizia que estava com medo de me arriscar, ele carinhosamente me incentivava, repetindo sua expressão preferida: "Diacho, diacho!"

1

A primeira vez que vi Catherine, ela usava um vestido vermelho vivo e folheava nervosamente uma revista na sala de espera do meu consultório. Estava visivelmente sem fôlego. Vinte minutos antes, andava no corredor externo do Departamento de Psiquiatria, de um lado para outro, tentando se convencer a manter seu compromisso e não sair correndo.

Entrei na sala para recebê-la e nos cumprimentamos. Notei que tinha as mãos frias e úmidas, confirmando sua ansiedade. Precisara de dois meses para criar coragem de marcar uma hora comigo, ainda que fosse insistentemente aconselhada a isso por dois médicos da equipe, nos quais confiava. Finalmente, estava ali.

Catherine é uma mulher extraordinariamente atraente, com cabelos louros de comprimento médio e olhos cor de mel. Na época, ela trabalhava como técnica de laboratório no hospital onde eu era chefe da Psiquiatria e ganhava um dinheiro extra como modelo de roupas de banho.

Acompanhei-a até minha sala, indicando-lhe uma cadeira grande de couro depois do sofá. Sentamos um diante do outro, com uma mesa em semicírculo entre nós. Catherine recostou-se na cadeira, calada, sem saber por onde começar. Esperei, preferindo que o início fosse escolha dela, mas, depois de alguns minutos, indaguei sobre seu passado. Naquela primeira consulta começamos a esclarecer quem ela era e por que fora me ver.

Respondendo às minhas perguntas, Catherine revelou a história de sua vida. Era a filha do meio, educada numa família católica conservadora de uma cidadezinha de Massachusetts. O irmão, três anos mais velho, era muito forte e gozava de uma liberdade que nunca lhe permitiram. A irmã mais nova era a preferida dos pais.

Quando começamos a conversar sobre seus sintomas, ela se tornou sensivelmente mais tensa e nervosa. Falava rápido, inclinando-se para a frente e apoiando os cotovelos sobre a mesa. Sua vida sempre fora sobrecarregada de temores. Tinha medo de água, de engasgar, a ponto de não conseguir engolir comprimidos, tinha medo de avião, do escuro e pavor de morrer. Ultimamente, esses medos estavam piorando. Para se sentir segura, dormia dentro do armário embutido do apartamento em que morava. Antes de conseguir pegar no sono, ficava umas duas ou três horas acordada. Ainda assim, o sono era leve e ela acordava várias vezes durante a noite. Os pesadelos e as crises de sonambulismo que haviam atormentado sua infância tinham voltado. Os medos e os sintomas a paralisavam cada vez mais, e a depressão era crescente.

Enquanto ela falava, pude perceber como era profundo o seu sofrimento. Durante anos, eu ajudara pacientes que, como Catherine, viviam a agonia de seus temores, e por isso me senti confiante em poder ajudá-la também. Resolvi que começaríamos investigando sua infância, procurando a origem de seus problemas. Quase sempre esse tipo de abordagem contribui para o alívio da ansiedade. Se fosse necessário e se ela conseguisse engolir alguns comprimidos, eu lhe daria uma leve medicação ansiolítica para ajudar no processo. Esse era o tratamento preconizado pelos manuais para os sintomas de Catherine, e nunca hesitei em usar tranquilizantes ou mesmo medicamentos antidepressivos para tratar casos graves e crônicos de fobia e ansiedade. Hoje, utilizo esse recurso com mais moderação e só temporariamente, se for o caso. Nenhuma droga pode alcançar as verdadeiras raízes desses sintomas. Minha experiência com Catherine e com outros iguais a ela provou isso. Sei agora que existe a cura e não apenas a supressão ou camuflagem dos sintomas.

Na primeira sessão, procurei gentilmente estimulá-la a voltar à infância. Como ela se lembrava de pouquíssimos fatos daquela época, considerei a possibilidade da hipnoterapia como um possível atalho para vencer essa repressão. Ela não conseguia se lembrar de nenhum momento particularmente traumático de quando era criança que pudesse explicar os temores que lhe assolavam a vida.

À medida que se esforçava, puxando pela memória, fragmentos isolados vinham à tona. Por volta dos 5 anos, entrou em pânico quando alguém a empurrou do trampolim de uma piscina. Ela disse que, antes mesmo do incidente, já não se sentia confortável dentro d'água. Aos 11 anos, a mãe caiu em grave depressão. A estranha atitude de retraimento da mãe em relação à família tornou necessária a ida a um psiquiatra e a consequente terapia com eletrochoques. O tratamento afetou a memória de sua mãe. Catherine ficou assustada, mas disse que não teve mais medo quando a mãe voltou a ser "ela mesma". O pai tinha um longo histórico de alcoolismo e às vezes o irmão de Catherine tinha que ir buscá-lo no bar da esquina. O consumo cada vez maior de bebidas alcoólicas tornava mais frequentes as brigas com sua mãe, que ficava triste e arredia. Mas Catherine considerava esse padrão familiar aceitável.

As coisas eram melhores fora de casa. Teve namorados no ginásio e se dava muito bem com os amigos, muitos deles conhecidos havia vários anos. Achava difícil, contudo, confiar nas pessoas, principalmente nas que não pertenciam ao seu pequeno círculo de amizades.

Sua religião era simples e sem questionamentos. Fora educada nos moldes da tradição católica e jamais duvidara da veracidade e validade de sua fé. Acreditava que, sendo uma fiel praticante e seguindo corretamente os preceitos religiosos, ganharia o Céu; caso contrário, iria para o Purgatório ou para o Inferno. O Deus patriarcal e seu Filho decidiriam isso. Depois, fiquei sabendo que Catherine não acreditava em reencarnação; na verdade, sabia muito pouco a respeito, embora tivesse lido alguma coisa sobre os hindus. Reencarnação era uma ideia contrária aos conceitos em que fora criada e nos quais acreditava. Jamais lera nem tinha interesse por qualquer literatura metafísica ou ocultista. Estava tranquila na sua crença.

Quando saiu do colégio, Catherine fez mais dois anos de curso técnico e se formou laboratorista. De posse de uma profissão e incentivada pela mudança do irmão para Tampa, conseguiu um emprego em Miami, num hospital-escola filiado à Faculdade de Medicina da Universidade de Miami. Mudou-se na primavera de 1974, aos 21 anos.

A vida na cidade pequena era bem melhor do que em Miami, mas ela estava contente por ter fugido dos problemas familiares.

No primeiro ano na nova cidade, Catherine conheceu Stuart. Casado, judeu, pai de dois filhos, ele era totalmente diferente de qualquer outro homem que conhecera. Era um médico bem-sucedido, forte e agressivo. Apesar da atração irresistível entre os dois, a relação era tempestuosa e difícil. Algo nele mexia com ela, despertando uma paixão que beirava o enfeitiçamento. Na época em que Catherine começou a terapia, seu caso com Stuart já durava seis anos e, apesar de complicado, era ainda bastante intenso. Embora maltratada, furiosa com as mentiras, as promessas não cumpridas e as manipulações, Catherine não conseguia resistir a ele.

Vários meses antes da consulta, ela precisara fazer uma cirurgia para a retirada de um nódulo benigno das cordas vocais. A intensa ansiedade que antecedeu a cirurgia se transformou em pânico quando ela acordou na sala de recuperação. A enfermeira levou horas para conseguir acalmá-la. Após o período de convalescença no hospital, ela procurou o Dr. Edward Poole. Ed era um pediatra muito amável que Catherine conhecera quando trabalhava no hospital. Desde o início ambos sentiram uma forte empatia, que evoluiu para uma grande amizade. Catherine sentia-se à vontade para conversar com ele, falar sobre seus medos, o relacionamento com Stuart e a impressão de estar perdendo o controle sobre a própria vida. Ele insistiu para que ela marcasse uma consulta comigo. Depois me telefonou para falar de sua indicação, explicando que, por algum motivo, achava que só eu poderia compreender Catherine verdadeiramente, ainda que outros psiquiatras também tivessem ótimas credenciais e fossem hábeis terapeutas. Mas ela não me ligou.

Oito semanas se passaram. No atropelo das minhas tarefas como chefe do Departamento de Psiquiatria, esqueci do telefonema de Ed. Os medos e as fobias de Catherine pioraram. O Dr. Frank Acker, chefe do Departamento de Cirurgia, conhecia Catherine havia anos e sempre brincava com ela quando visitava o laboratório onde ela trabalhava. Ele notou sua infelicidade e tensão. Várias vezes quis lhe dizer alguma coisa, mas hesitou. Uma tarde, indo de carro para um hospital menor, mais afastado, onde daria uma conferência, viu Catherine ao volante, voltando para casa, e, impulsivamente, lhe fez sinal para que parasse no acostamento. "Quero que você procure o Dr. Weiss agora!", gritou ele pela janela. "Sem demora." Embora os cirurgiões sejam muitas vezes impulsivos, até Frank se surpreendeu com a própria ênfase.

A frequência e a duração dos ataques de pânico e de ansiedade de Catherine cresciam. Ela começou a ter dois pesadelos que se repetiam. Num deles, uma ponte ruía enquanto ela estava passando. Seu carro mergulhava na água; presa dentro dele, ela se afogava. No segundo sonho, estava fechada num quarto escuro como breu, tropeçava e caía sobre as coisas, incapaz de achar a saída. Finalmente foi me ver.

Quando tive a primeira sessão com Catherine, não pude imaginar que minha vida estava prestes a virar de cabeça para baixo, que aquela mulher confusa e assustada do outro lado da mesa seria o catalisador e que eu jamais voltaria a ser o mesmo.

2

Dezoito meses de psicoterapia se passaram, com Catherine indo me ver uma ou duas vezes por semana. Era uma boa paciente, falante, que tinha insights e desejava melhorar. Naquele período, exploramos seus sentimentos, sonhos e pensamentos. Reconhecendo os padrões repetitivos de comportamento, ela cresceu em termos de compreensão. Lembrou-se de muitos detalhes importantes de seu passado, tais como as ausências do pai, que era da marinha mercante, e das violentas explosões quando ele exagerava na bebida. Compreendeu bem melhor seu conturbado relacionamento com Stuart e expressou sua irritação de forma mais coerente. Achei que ela tivesse progredido mais. É o que quase sempre acontece quando os pacientes se recordam de influências desagradáveis do passado, quando aprendem a reconhecer e corrigir padrões comportamentais inadequados, desenvolvendo a percepção e encarando seus problemas a partir de uma perspectiva mais ampla, mais distanciada. Mas Catherine não havia progredido.

A ansiedade e os ataques de pânico ainda a torturavam. Os pesadelos intensos e repetitivos continuavam e ela não perdera o pavor do escuro, da água e de ficar trancada. O sono ainda não era contínuo e reparador. Sentia palpitações. Continuava recusando os remédios, com medo de engasgar com os comprimidos. Eu me sentia como se estivesse diante de uma muralha que, por mais que tentasse, continuava tão alta que nenhum de nós seria capaz de transpô-la. Mas, junto com o sentimento de frustração, veio a determinação. De alguma forma, eu iria ajudar Catherine.

Então algo estranho aconteceu. Embora sentisse um medo enorme de voar e precisasse, para ter coragem, tomar vários drinques no avião, Catherine acompanhou Stuart a um congresso médico em Chicago, na primavera de 1982. Lá, ela o forçou a visitar uma exposição egípcia num museu de arte, onde se juntaram a um grupo acompanhado por um guia.

Catherine sempre tivera certo interesse pelos artefatos do Egito antigo e pelas reproduções de relíquias daquele período. Dificilmente seria uma erudita e nem sequer estudara sobre aquela civilização na escola; no entanto, de algum modo, as peças lhe pareceram familiares.

Quando o guia começou a descrevê-las, ela se surpreendeu corrigindo-o... e estava certa! O guia ficou perplexo; Catherine, espantada. Como sabia aquelas coisas? Como tinha tanta convicção de que estava certa, tão segura a ponto de corrigir, em público, o guia? Talvez fossem lembranças esquecidas de sua infância.

Na consulta seguinte, ela me contou o que acontecera. Meses antes, eu lhe sugerira a hipnose, mas ela teve medo e resistiu. Diante de sua experiência na exposição egípcia, embora relutante, ela então concordou.

A hipnose é uma ótima ferramenta para ajudar o paciente a lembrar incidentes há muito esquecidos. Não há nada de misterioso nisso. É apenas um estado de concentração focalizada. Instruído por um hipnotizador treinado, o corpo do paciente relaxa, aguçando a memória. Eu já hipnotizara centenas de pacientes e achava o método útil na redução da ansiedade, na eliminação de fobias, na alteração dos maus hábitos e para ajudar a trazer à tona material reprimido. Vez por outra, conseguia fazê-los regredir à primeira infância, até os 2 ou 3 anos de idade, despertando assim lembranças, esquecidas há tempos, que estavam perturbando suas vidas. Eu tinha confiança de que a hipnose ajudaria Catherine.

Pedi a ela que se deitasse no sofá, com os olhos ligeiramente fechados e a cabeça apoiada num travesseiro. Primeiro nos concentramos em sua respiração. A cada expiração, ela liberava o acúmulo de tensão e ansiedade e, inspirando, relaxava ainda mais. Após vários minutos, disse-lhe para visualizar seus músculos relaxando progressivamente a partir dos faciais e do queixo, depois o pescoço e os ombros, os braços, os músculos das costas e do abdome e, finalmente, as pernas. Ela sentia o corpo afundando cada vez mais no sofá.

Disse-lhe, então, para visualizar uma luz forte e branca no alto e dentro da cabeça. Mais adiante, quando fiz a luz descer por todo o seu corpo, isso lhe permitiu relaxar completamente os músculos, nervos, órgãos, o corpo inteiro, fazendo-a cair num estado cada vez mais profundo de relaxamento e paz. A sonolência ia aumentando, assim como a paz e a calma. Finalmente, seguindo minhas instruções, a luz ocupou todo o seu corpo e a envolveu.

Contei, de trás para a frente, devagar, de 10 a 1. A cada número, ela entrava num nível mais profundo de relaxamento. O estado de transe se aprofundava. Ela era capaz de se concentrar na minha voz e excluir todos os outros ruídos. No número 1, já se encontrava num estado moderado de hipnose. O processo todo levara cerca de 20 minutos.

Pouco depois, comecei o processo de regressão, pedindo-lhe que lembrasse de fatos em idades progressivamente anteriores. Ela conseguia falar e responder às minhas perguntas, enquanto mantinha um nível profundo de hipnose. Lembrou-se de uma experiência traumática no dentista, aos 6 anos de idade. Recordou-se, de forma bastante intensa, de ter se sentido aterrorizada aos 5 anos quando alguém a empurrou de um trampolim para dentro da piscina. Na época ela se sentiu sufocada e engasgou, engolindo água. Ao falar sobre isso, no meu consultório, ela começou a sentir falta de ar. Falei que a experiência já havia passado e que ela se encontrava fora d'água. A falta de ar parou e ela voltou a respirar normalmente. Continuava em transe profundo. Aos 3 anos ocorrera o pior de tudo. Ela se lembrou de ter acordado no seu quarto escuro e de perceber que o pai estava ali. Ela ainda conseguia sentir o cheiro de álcool que ele exalava. Ele a tocou e a apalpou até "lá embaixo". Ela sentiu muito medo e começou a chorar, por isso ele lhe tapou a boca com sua mão áspera. Ela não conseguia respirar. Em meu consultório, no sofá, 25 anos depois, Catherine soluçava. Senti que tínhamos obtido a chave. Estava certo de que seus sintomas logo desapareceriam. Disse-lhe suavemente que tudo já passara, que não estava mais em seu quarto da infância, e sim que repousava tranquila e ainda em transe. Os soluços cessaram. Trouxe-a de volta no tempo para a sua idade atual. Então a acordei, depois de tê-la instruído, através da sugestão pós-hipnótica, a se lembrar de tudo o que havia me contado. Passamos o resto da sessão discutindo a lembrança repentina e intensa do trauma causado por seu pai. Procurei ajudá-la a aceitar e assimilar seu "novo" conhecimento. Ela compreendia agora seu relacionamento com o pai, as reações dele diante dela, sua indiferença e o medo que sentia. Ainda tremia quando saiu do consultório, mas eu sabia que a compreensão que ela adquirira compensaria o desconforto momentâneo.

Envolvido pelo drama da revelação de suas lembranças dolorosas e profundamente reprimidas, esqueci totalmente de procurar na infância dela a possível relação com seu conhecimento dos artefatos egípcios. Mas, pelo menos, ela compreendera melhor o seu passado. Lembrara-se de diversos acontecimentos assustadores, o que me fazia esperar uma melhora significativa dos seus sintomas.

Apesar dessa nova compreensão, na semana seguinte ela disse que os sintomas permaneciam inalterados, tão graves quanto antes. Fiquei surpreso. Não entendia o que estava errado. Teria acontecido alguma coisa antes dos 3 anos? Tínhamos descoberto motivos mais do que suficientes para seu medo de sufocar, da água, do escuro, de se sentir presa, e ainda assim os intensos temores e sintomas e a ansiedade descontrolada continuavam devastando seus momentos de vigília. Os pesadelos eram tão assustadores quanto antes. Resolvi levá-la a regredir ainda mais.

Hipnotizada, Catherine falava num sussurro lento e cadenciado. Por isso, consegui anotar todas as suas palavras, e as transcrevo integralmente. (As reticências representam as pausas no discurso dela, não são palavras suprimidas, nem o texto foi alterado por mim. Excluí apenas as partes repetitivas.)

Lentamente, fui levando Catherine até a idade de 2 anos, mas ela não se lembrou de nada importante. Disse-lhe, em tom firme e claro:

– Volte para a época em que surgiram os seus sintomas.

Eu estava totalmente despreparado para o que ocorreu em seguida.

– Vejo uma escadaria branca, que sobe até uma construção, um grande prédio branco com colunas, aberto na frente. Não tem portas. Estou usando uma roupa comprida... uma túnica feita de pano grosseiro. Meus cabelos estão trançados, cabelos longos e louros.

Fiquei confuso. Não tinha certeza do que estava acontecendo. Perguntei-lhe em que ano estava e qual era o seu nome.

– Aronda... Tenho 18 anos. Vejo um mercado em frente ao edifício. Cestas... Pode-se carregá-las nos ombros. Vivemos num vale... Não há água. O ano é 1863 a.C. A região é árida, quente e arenosa. Existe um poço, nenhum rio. A água vem das montanhas até o vale.

Depois que ela descreveu mais detalhes topográficos, eu lhe disse para avançar no tempo vários anos e me dizer o que via.

– Árvores e uma estrada de pedras. Vejo fogo e comida cozinhando. Meus cabelos são louros. Estou usando uma roupa marrom longa, de tecido áspero, e sandálias. Tenho 25 anos e uma filha chamada Cleastra... Ela é Raquel. – Raquel era atualmente sua sobrinha; as duas sempre se deram extremamente bem. – Está muito quente.

Eu estava assombrado. Tinha um nó no estômago e sentia a sala fria. Aquilo que ela visualizava e lembrava parecia muito preciso. Ela não hesitava. Nomes, datas, roupas, árvores, tudo tão claro! O que estava acontecendo? Como a filha que ela teve naquela época podia ser agora sua sobrinha? Estava cada vez mais confuso. Eu examinara centenas de pacientes psiquiátricos, muitos sob hipnose, e jamais deparara com fantasias como essas – nem mesmo nos sonhos. Então lhe disse para ir até a época de sua morte. Não sabia muito bem como entrevistar alguém em meio a uma fantasia (ou lembrança?) tão explícita, mas buscava acontecimentos traumáticos que pudessem fundamentar seus medos ou sintomas atuais. Os fatos relacionados com a época da morte poderiam ser especialmente traumáticos. Ela descreveu a destruição da aldeia pelo que parecia ser uma enchente ou um maremoto.

– Ondas enormes estão derrubando as árvores. Não há para onde correr. Está frio, a água é fria. Tenho que salvar o meu bebê, mas não posso... tenho que segurá-lo bem. Afundo, a água me sufoca. Não consigo respirar, não posso engolir... a água é salgada. Meu bebê é arrancado dos meus braços.

Catherine estava ofegante e com dificuldade para respirar. De repente seu corpo relaxou por completo, a respiração ficou profunda e regular.

– Vejo nuvens... Meu bebê está comigo. E outras pessoas da minha aldeia. Vejo meu irmão.

Ela estava descansando; aquela vida terminara. Continuava em transe profundo. Eu estava perplexo! Vidas anteriores? Reencarnação? Meu conhecimento clínico me dizia que ela não estava fantasiando aquilo tudo, que ela não inventara. Seus pensamentos, expressões, a atenção a determinados detalhes, tudo era diferente do seu estado consciente. Toda a gama de possíveis diagnósticos psiquiátricos me veio à mente, mas seu quadro psiquiátrico e sua estrutura de caráter não explicavam essas revelações. Esquizofrenia? Não, ela jamais demonstrou qualquer transtorno cognitivo ou de pensamento. Nunca tivera alucinações auditivas ou visuais, não ouvia vozes nem tinha visões quando acordada ou quaisquer outros tipos de estados psicóticos. Não delirava nem se desligava da realidade. Não tinha dupla ou múltipla personalidade. Havia apenas uma Catherine e, conscientemente, ela sabia disso. Não apresentava tendências sociopatas nem antissociais. Não era uma atriz. Não usava drogas nem ingeria substâncias alucinógenas. O uso de bebida alcoólica era mínimo. Não tinha doenças neurológicas ou psicológicas que explicassem essa experiência tão intensa e imediata quando hipnotizada.

Eram lembranças de alguma espécie, mas de onde provinham? Minha reação visceral foi a de ter esbarrado em algo pouquíssimo conhecido – reencarnação e lembranças de vidas passadas. Não era possível, eu me dizia, enquanto minha mente cientificamente treinada resistia. No entanto, ali estava, acontecendo bem diante dos meus olhos. Não podia explicar, mas também não podia negar a realidade.

– Continue – falei, um pouco assustado, mas fascinado pelo que estava acontecendo. – Não se lembra de mais nada?

Catherine recordou fragmentos de duas outras vidas:

– Estou com um vestido de renda negra e tenho rendas negras sobre a cabeça. Meus cabelos são escuros, um pouco grisalhos. O ano é 1756. Sou espanhola. Meu nome é Luísa e tenho 56 anos. Estou dançando, outras pessoas também.

Ela fez uma longa pausa.

– Estou doente – continuou –, tenho febre, suores frios... Muita gente está doente, as pessoas estão morrendo... Os médicos não sabem que é por causa da água.

Levei-a mais à frente no tempo.

– Estou melhor, mas minha cabeça ainda dói; meus olhos e minha cabeça ainda estão doloridos por causa da febre, por causa da água... Muitos morrem.

Mais tarde, ela me disse que naquela vida fora prostituta, mas que retivera essa informação porque ficara constrangida. Aparentemente, enquanto hipnotizada, Catherine podia censurar algumas das lembranças que me transmitia.

Como ela reconhecera a sobrinha numa vida antiga, lhe perguntei impulsivamente se eu estivera presente em algumas de suas outras vidas. Estava curioso sobre meu papel, se é que havia algum, nas suas lembranças. Ela respondeu rapidamente, ao contrário da forma que usava na descrição das recordações anteriores, muito lenta e ponderada.

– Você é meu professor, sentado na saliência de uma pedra. Você nos ensina com livros. É velho e tem os cabelos grisalhos. Veste uma roupa branca (toga) com arremates dourados... Seu nome é Diógenes. Você nos ensina símbolos, triângulos. É muito sábio, mas eu não compreendo. O ano é o de 1568 a.C.

Ou seja, isso aconteceu aproximadamente 1.200 anos antes do famoso filósofo grego Diógenes, conhecido como o Cínico. Nessa época, esse nome não era incomum.

A primeira sessão terminara. Outras ainda mais surpreendentes viriam.

~

Depois que Catherine saiu do consultório e durante vários dias, como sempre fazia, refleti sobre os detalhes da regressão hipnótica. Mesmo numa terapia "normal", poucos detalhes escapavam à minha capacidade obsessiva de análise, e aquela sessão estava longe de ser "normal". Além disso, eu era bastante cético com relação às ideias de vida após a morte, reencarnação, experiências extracorpóreas e fenômenos afins. Afinal – o meu lado lógico ruminava –, podia ser fantasia dela. Na realidade, eu não conseguiria provar nenhuma de suas afirmações ou visualizações. Mas eu estava também consciente, embora de uma forma bem vaga, da existência de um outro pensamento menos emocional. Mantenha sua mente aberta, ele me dizia, a verdadeira ciência começa com a observação. As "lembranças" dela podiam *não* ser fantasia ou imaginação. Poderia haver algo mais que os olhos – ou qualquer um dos outros sentidos – não estavam vendo. Mantenha a mente aberta. Consiga mais dados.

Um outro pensamento me incomodava. Catherine, propensa a sentir ansiedade e medo, não teria ficado assustada demais para aceitar novamente a hipnose? Resolvi não lhe telefonar e deixar que ela também digerisse a experiência. Eu esperaria até a semana seguinte.

3

Uma semana depois, Catherine entrou animada no meu consultório para mais uma sessão de hipnose. Estava linda e mais radiante do que nunca. Anunciou feliz que seu antigo medo de se afogar desaparecera. O medo de sufocar diminuíra. O pesadelo de uma ponte ruindo não lhe atrapalhava mais o sono. Embora se lembrasse em detalhes do que recordara de suas vidas passadas, ainda não assimilara tudo.

Os conceitos de reencarnação e vidas passadas eram estranhos à sua cosmologia, mas suas lembranças eram tão claras, as visões, os sons e os odores eram tão nítidos, a consciência de que estivera lá era tão intensa que ela sentia que *deveria* realmente ter estado lá. Não duvidava disso, a experiência fora muito forte. No entanto, estava preocupada em ajustá-la à sua educação e às suas crenças.

Durante a semana, reli o livro do curso de religiões comparadas que frequentei no primeiro ano na Universidade Columbia. Havia de fato referências à reencarnação no Antigo e no Novo Testamentos. No ano 325 da era cristã, o imperador romano Constantino, o Grande, e sua mãe, Helena, suprimiram as referências contidas no Novo Testamento. O Segundo Concílio de Constantinopla, reunido em 553, validou esse ato, declarando herético o conceito de reencarnação. Aparentemente, ele enfraqueceria o poder crescente da Igreja, dando aos homens tempo demais para buscarem a salvação. Mas as referências originais existiam, os primeiros padres da Igreja *haviam* aceitado a ideia.

Os antigos gnósticos – Clemente de Alexandria, Orígenes, São Jerônimo e muitos outros – acreditavam ter vivido antes e que ainda voltariam a viver. Eu, entretanto, jamais acreditara na reencarnação. Na verdade, nunca pensara muito nisso. Embora em minha educação religiosa tivesse aprendido a respeito de uma vaga existência da "alma" após a morte, eu não estava muito convencido.

~

Eu era o mais velho de quatro irmãos, todos com um intervalo de três anos de um para outro. Pertencíamos a uma sinagoga judaica conservadora em Red Bank, uma cidadezinha perto da orla marítima de Nova Jersey. Eu era o pacificador e o político da família, e meu pai, o mais envolvido com a religião. Levava isso muito a sério, como tudo na vida. Os progressos acadêmicos dos filhos eram as suas maiores alegrias. Ficava muito triste com as brigas em casa e se retirava, deixando a mediação para mim. Ainda que isso tivesse sido um excelente treino preparatório para minha carreira de psiquiatra, a época da infância foi mais pesada do que, fazendo uma retrospectiva, eu teria preferido. Ela fez de mim um jovem muito sisudo e acostumado a assumir responsabilidades excessivas.

Minha mãe expressava o seu amor de forma exagerada. Mais simples que meu pai, ela usava a culpa, o papel de vítima, a criação de extremo constrangimento e a identificação com os filhos como instrumentos de manipulação, sem pensar duas vezes. Apesar disso, raramente desanimava, e podíamos contar sempre com seu amor e apoio.

Meu pai tinha um bom emprego como fotógrafo industrial, mas, embora tivéssemos sempre fartura de comida, o dinheiro era curto. Meu irmão mais novo, Peter, nasceu quando eu tinha 9 anos. Tínhamos que dividir por seis o nosso pequeno apartamento de dois quartos.

A vida ali era agitada e barulhenta e eu procurava refúgio nos livros. Lia sem parar, quando não estava jogando beisebol ou basquete, minhas outras paixões na infância. Sabendo que só por meio dos estudos poderia sair daquela cidadezinha, por mais confortável que fosse, eu era sempre o primeiro ou o segundo da classe. Quando recebi uma bolsa de estudos integral para frequentar a Universidade Columbia, eu era um jovem sério e estudioso. O sucesso acadêmico continuou vindo com facilidade. Especializei-me em química, formando-me com distinção. Resolvi ser psiquiatra porque a área somava o meu interesse pela ciência ao fascínio do trabalho com a mente humana. Além disso, a carreira médica permitiria expressar minha preocupação e minha solidariedade com os outros. Nesse meio-tempo, conheci Carole numas férias de verão num hotel em Catskill Mountain, onde eu estava trabalhando como ajudante de garçom e ela era hóspede. Sentimos atração imediata um pelo outro e um forte sentimento de afinidade e bem-estar. Nós nos correspondemos, namoramos, nos apaixonamos e noivamos no meu penúltimo ano na universidade. Ela era inteligente e bonita. Tudo parecia se encaixar no seu devido lugar. São poucos os jovens que se preocupam com a vida, a morte e a vida após a morte, sobretudo se as coisas vão indo bem, e eu não era exceção. Estava me tornando um cientista e aprendendo a pensar num estilo lógico, desapaixonado e racional.

A faculdade de Medicina e a residência na Universidade Yale cristalizaram ainda mais esse método científico. Minha tese de pesquisa era sobre a química do cérebro e o papel dos neurotransmissores, que são mensageiros químicos no tecido cerebral.

Eu fazia parte da nova geração de psiquiatras biólogos que fundiam as teorias e técnicas psiquiátricas tradicionais com a nova ciência da química cerebral. Escrevi vários ensaios científicos, falei em conferências locais e nacionais e me tornei muito importante na minha área. Era um tanto obsessivo, veemente e inflexível, mas num médico essas características eram úteis. Sentia-me totalmente preparado para tratar qualquer um que entrasse em meu consultório em busca de terapia.

Então Catherine tornou-se Aronda, uma jovem que vivera em 1863 a.c. Ou era o contrário? E cá estava ela novamente, feliz como nunca. Preocupei-me de novo com o medo que ela poderia ter de continuar. No entanto, ela estava ansiosa para a hipnose e entrou rapidamente em estado de transe.

– Estou jogando coroas de flores na água. É uma cerimônia. Meus cabelos são louros, trançados. Visto uma túnica marrom com dourado e sandálias. Alguém morreu, alguém da Casa Real... a mãe. Sou uma das criadas, ajudo com a comida. Colocamos os corpos em salmoura por 30 dias. Eles secam e as vísceras são retiradas. Eu sinto o cheiro, sinto o cheiro dos corpos.

Ela voltara espontaneamente para a vida de Aronda, porém numa outra parte, aquela em que seu dever era preparar os corpos para o ritual fúnebre.

– Num outro edifício – continuou Catherine –, eu vejo os corpos. Estamos enfaixando-os. A alma continua. A pessoa leva consigo os seus pertences, para estar preparada para a próxima vida, mais avançada.

Ela expressava o que parecia ser um conceito egípcio de morte e pós-morte, diferente de qualquer de nossas crenças. Naquela religião, o morto *podia* carregar seus bens consigo.

Ela saiu daquela vida e descansou. Passaram-se alguns minutos antes de entrar numa época aparentemente antiga.

– Vejo gelo, pendurado numa caverna... pedras...

Ela descrevia vagarosamente um lugar escuro e miserável, e era visível o seu desconforto. Mais tarde, disse como tinha se visto.

– Eu era feia, suja e fedorenta.

Ela prosseguiu para um outro tempo:

— Há alguns edifícios e uma carroça com rodas de pedra. Meus cabelos são castanhos, cobertos com um pano. A carroça carrega palha. Estou feliz. Meu pai está lá... Ele me abraça. É... é Edward. — Catherine se referia ao pediatra que insistira para que ela me procurasse. — Ele é meu *pai*. Vivemos num vale cheio de árvores. Há oliveiras e figueiras no pátio. As pessoas escrevem em pedaços de papel. São rabiscos engraçados, como letras. Elas escrevem o dia todo, montando uma biblioteca. É 1536 a.C. A terra é árida. O nome do meu pai é Perseu.

O ano não correspondia exatamente, mas eu estava certo de que era a mesma vida que ela relatara na semana anterior. Fiz com que ela se adiantasse nesse período.

— Meu pai o conhece — ela se referia a mim. — Vocês dois conversam sobre colheitas, leis e governo. Ele diz que você é muito inteligente e que eu devo escutá-lo.

Adiantei-a ainda mais no tempo.

— Ele [o pai] está deitado num quarto escuro, velho e doente. Faz frio... Sinto-me tão vazia.

Ela foi até sua própria morte.

— Agora estou velha e fraca. Minha filha está aqui, perto da cama. Meu marido já morreu. O marido da minha filha está aqui, e os filhos deles também. Há muitas pessoas ao redor.

Sua morte foi tranquila dessa vez. Ela flutuava. Flutuava? Isso me fez lembrar os estudos do Dr. Raymond Moody sobre as vítimas de experiências de quase morte. Seus pacientes também se lembravam de ter flutuado e depois voltado ao corpo. Eu lera o livro vários anos antes e tomei nota mentalmente para tornar a fazê-lo. Fiquei em dúvida se Catherine poderia se lembrar de mais alguma coisa depois da morte, mas ela só dizia "Estou flutuando". Acordei-a e terminamos a sessão.

Com um novo e insaciável apetite por qualquer ensaio científico já publicado sobre reencarnação, saí procurando pelas bibliotecas médicas. Estudei os trabalhos de Ian Stevenson, um conceituado professor de psiquiatria da Universidade da Virgínia que publicou extensa literatura nessa área. Ele reuniu mais de 2 mil exemplos de crianças com recordações e experiências características de reencarnação. Muitas manifestavam a xenoglossia, a capacidade de falar uma língua estrangeira à qual nunca haviam sido expostas antes. Seus relatórios são completos, bem pesquisados e realmente notáveis.

Li uma excelente análise científica de Edgard Mitchell. Com grande interesse, examinei os dados sobre percepção extrassensorial (PES) da Universidade Duke, os textos do Professor C. J. Ducasse, da Universidade Brown, e analisei atentamente os estudos dos doutores Martin Ebon, Helen Wambach, Gertrude Schmeidler, Frederick Lenz e Edith Fiore. Quanto mais lia, mais queria ler. Comecei a perceber que, embora eu me considerasse bem instruído sobre todas as dimensões da mente, minha formação fora bastante limitada. Existem bibliotecas repletas desse tipo de pesquisa e de literatura, mas poucas pessoas sabem disso. Muitas dessas pesquisas foram conduzidas, verificadas e reaplicadas por clínicos e cientistas de renome. Estariam todos errados ou iludidos? As evidências pareciam esmagadoramente comprobatórias, mas eu ainda duvidava. Esmagadoras ou não, achava difícil acreditar.

Tanto Catherine como eu, cada um à sua maneira, já estávamos profundamente afetados pela experiência. Ela progredia emocionalmente e o meu pensamento se expandia em novos horizontes. Catherine estivera atormentada pelos seus medos durante anos e estava finalmente tendo um certo alívio. Fosse através de lembranças reais ou de intensas fantasias, eu descobrira uma maneira de ajudá-la e não iria parar agora.

Por um rápido momento pensei em tudo isso, enquanto Catherine entrava em transe no início da sessão seguinte. Antes da indução hipnótica, ela relatou ter sonhado com um jogo numa escadaria antiga de pedras, um jogo que usava um tabuleiro de xadrez furado. O sonho lhe parecera especialmente vívido. Disse-lhe, então, que voltasse a ultrapassar os limites normais do tempo e do espaço, que voltasse ao passado e visse se o sonho tinha origem numa reencarnação anterior.

– Vejo degraus que levam até uma torre... voltada para as montanhas, mas também para o mar. Sou um menino... Meus cabelos são louros... um cabelo estranho... Minha roupa é curta, marrom e branca, feita de pele animal. Há homens no alto da torre, olhando... guardas. Estão sujos. Jogam um jogo; parece xadrez, mas não é. O tabuleiro é redondo, e não quadrado. Jogam com peças pontudas, como adagas, que se encaixam nos furos. As peças têm cabeças de animais.

Perguntei-lhe o nome do lugar em que vivia e se ela podia ver ou ouvir em que ano estava.

– Território de Kirustan? Cerca de 1473, nos Países Baixos. Agora estou num porto, a terra desce até o mar. Há uma fortaleza... e água. Vejo uma cabana... minha mãe cozinha numa panela de barro. Meu nome é Johan.

Levei-a até o instante de sua morte. Àquela altura das nossas sessões, eu ainda procurava um único acontecimento decisivo e traumático que pudesse ser a causa ou explicar seus sintomas na vida atual. Mesmo que essas visualizações notavelmente explícitas fossem fantasias, e eu não estava certo disso, aquilo em que ela acreditasse ou pensasse poderia ainda ser a origem dos sintomas. Afinal de contas, eu já vira pessoas traumatizadas por seus sonhos. Alguns podem não lembrar se um trauma infantil ocorreu na realidade ou em sonho, mas a lembrança do trauma continua assombrando a vida adulta.

O que eu não avaliara totalmente era que o martelar constante e diário de influências corrosivas, como as críticas mordazes dos pais, pode causar traumas psicológicos ainda maiores do que um único fato traumático. Essas influências danosas, por se misturarem no cenário cotidiano de nossa vida, são ainda mais difíceis de lembrar e exorcizar. Uma criança constantemente criticada pode perder a autoconfiança e o amor-próprio, assim como alguém que se lembra do dia terrível em que foi humilhado. Uma criança que come pouco todos os dias porque a família ficou pobre pode vir a sofrer os mesmos problemas psicológicos de uma outra que passou por uma intensa e única experiência de fome. Logo eu compreenderia que o rebater diário das forças negativas deveria ser reconhecido e resolvido com tanto cuidado quanto o que eu estava dedicando a um único e arrasador acontecimento traumático.

Catherine começou a falar:

– Há barcos, como canoas, pintados com cores vivas. Área de abastecimento. Temos armas, lanças, atiradeiras, arcos e flechas, porém maiores. O barco tem remos grandes e estranhos... todos devem remar. Talvez estejamos perdidos; está escuro. Não há luz. Estou com medo. Há outros barcos conosco. – Aparentemente um ataque surpresa. – Tenho medo dos animais. Dormimos sobre peles sujas e fedorentas. Estamos fazendo um reconhecimento. Meus sapatos são engraçados, parecem sacos... tiras nos tornozelos... de pele animal.

Ela ficou em silêncio por um tempo e depois continuou:

– Meu rosto queima como fogo. Meu povo está matando os outros, mas eu não. Eu não quero matar. Estou com a minha faca na mão.

De repente ela começou a engasgar e a sentir falta de ar. Disse que um guerreiro inimigo a agarrara por trás, pelo pescoço, e lhe cortara a garganta com a faca. Viu o rosto do seu assassino antes de morrer. Era Stuart. Ele estava diferente, mas ela sabia que era ele. Johan morreu aos 21 anos.

Em seguida ela se viu flutuando sobre o próprio corpo, observando a cena embaixo. Foi impelida até as nuvens, sentindo-se perplexa e confusa. Logo se sentiu arrastada para dentro de um espaço "diminuto e quente". Ela estava para nascer.

– Alguém está me segurando – murmurou ela devagar como num sonho –, alguém que ajudou no parto. Está usando um vestido verde e um avental branco. Tem um chapeuzinho branco dobrado nas pontas. A sala tem janelas estranhas... divididas em várias partes. O prédio é de pedra. Minha mãe tem cabelos escuros e longos. Ela quer me segurar. Está com uma camisola de pano grosseiro... esquisito. Dói encostar nele. É bom estar novamente ao sol e no calor... É... é a *mesma* mãe que eu tenho agora!

Durante a sessão anterior, eu lhe dissera para observar atentamente as pessoas significativas naquelas vidas, para ver se as identificava com as pessoas significativas de sua vida atual. Segundo a maioria dos escritores, as almas tendem a reencarnar juntas, em grupo, várias vezes, trabalhando seus carmas (dívidas com os outros e com elas mesmas, lições a serem aprendidas) durante diversas vidas.

Na tentativa de compreender esse drama estranho e espetacular que se desenrolava, ignorado do resto do mundo, no meu consultório tranquilo e quase às escuras, eu quis verificar essa informação. Senti necessidade de aplicar o método científico, que eu usara rigorosamente nos últimos 15 anos nas minhas pesquisas, para avaliar o material tão extraordinário que fluía dos lábios de Catherine.

Entre uma sessão e outra, ela se tornava cada vez mais mediúnica. Tinha intuições sobre pessoas e fatos que se revelavam acertadas. Durante a hipnose, ela se adiantava às minhas perguntas antes que eu tivesse a chance de fazê-las. Muitos de seus sonhos tinham uma tendência precognitiva ou premonitória.

Certa ocasião, quando os pais vieram visitá-la, o pai expressou sua enorme dúvida quanto ao que estava acontecendo. Para lhe provar que era verdade, ela o levou ao hipódromo. Lá, diante de seus olhos, começou a indicar o vencedor de cada corrida. Ele ficou espantado. Certa de ter provado o que queria, pegou todo o dinheiro ganho e deu ao primeiro mendigo que encontrou na saída. Sentia intuitivamente que os novos poderes espirituais que adquirira não deveriam ser usados para ganhos financeiros. Para ela, esses poderes tinham um significado bem maior. Disse-me que essa experiência era um tanto assustadora, mas estava tão satisfeita com o progresso que fizera que ansiava por continuar as regressões. Eu estava ao mesmo tempo abalado e fascinado com suas habilidades mediúnicas, especialmente com o episódio do hipódromo. Era uma prova tangível. Ela possuía o bilhete vencedor de todas as corridas. Não era coincidência. Alguma coisa muito estranha estava acontecendo naquelas últimas semanas e eu lutava para conservar minha perspectiva. Não podia negar sua capacidade mediúnica. E, se ela fosse real e revelasse provas tangíveis, a descrição dos fatos de vidas passadas também seria verdadeira?

Ela retornara agora à vida em que acabara de nascer. Essa encarnação parecia mais recente, mas ela não conseguia identificar o ano. Seu nome era Elizabeth.

– Estou mais velha, tenho um irmão e duas irmãs. Vejo a mesa de jantar... Meu pai está lá... é Edward. – Ela se referia ao pediatra, novamente no papel de seu pai. – Minha mãe e meu pai estão brigando de novo. O jantar é batatas com feijão. Ele está zangado porque a comida está fria. Eles brigam muito. Ele está sempre bebendo... Bate na minha mãe.

A voz de Catherine estava assustada e ela tremia visivelmente.

– Ele empurra as crianças – continuou. – Ele não é como antes, não é a mesma pessoa. Não gosto dele. Queria que ele fosse embora.

Ela falava como uma criança.

Minhas perguntas durante essas sessões eram, sem dúvida, bem diferentes das que eu fazia na psicoterapia convencional. Eu atuava mais como um guia para Catherine, procurando rever toda uma vida em uma ou duas horas, em busca de fatos traumáticos e padrões tóxicos que pudessem explicar seus sintomas atuais. A terapia convencional é conduzida num ritmo muito mais minucioso e calmo. Cada palavra que o paciente escolhe é analisada em suas nuances e sentidos ocultos. Cada movimento facial, corporal, e cada inflexão de voz são considerados e avaliados. Investigam-se cuidadosamente todas as reações emocionais. Montam-se os padrões comportamentais exaustivamente. Com Catherine, entretanto, os anos transcorriam em minutos. As sessões com ela equivaliam a dirigir um carro de corrida em alta velocidade e tentar reconhecer os rostos na multidão.

⁓

Voltei a atenção para Catherine e pedi que avançasse no tempo.

– Estou casada agora. Nossa casa tem um quarto só, grande. Meu marido é louro. Não o conheço. – Ou melhor, não aparecera na vida atual de Catherine. – Não temos filhos ainda... Ele é muito bom para mim. Nós nos amamos e somos felizes.

Aparentemente ela conseguira escapar da opressão do lar paterno. Perguntei-lhe se poderia identificar a área em que vivia.

– Brennington? – Catherine murmurou, hesitante. – Vejo livros com capas velhas e estranhas. O maior está fechado por uma presilha. É a Bíblia. As letras são grandes e decorativas... em gaélico.

Aqui ela disse algumas palavras que não pude identificar. Não tenho ideia se eram ou não em gaélico.

– Vivemos no interior, longe do mar. Município... Brennington? Vejo uma fazenda com porcos e ovelhas. É a nossa fazenda.

Ela se adiantara no tempo.

– Temos dois filhos... O mais velho está se casando. Vejo a torre da igreja... uma construção de pedra muito antiga.

De repente sua cabeça doeu e pressionou a têmpora esquerda. Ela contou que caíra nos degraus de pedra, mas se refez do tombo. Morreu de velhice, na cama e em casa, cercada pela família. Novamente desprendeu-se do corpo após a morte, mas dessa vez não estava perplexa ou confusa.

– Percebo uma luz forte. É maravilhoso; ela nos dá energia.

Catherine descansava, depois de morta, no intervalo de duas vidas. Passaram-se alguns minutos em silêncio. De repente ela falou, mas não era o lento sussurro de sempre. Sua voz agora era rouca e forte, sem hesitações.

– Nossa tarefa é aprender para nos tornarmos à semelhança de Deus através do conhecimento. Sabemos pouco. Você está aqui para ser meu professor. Tenho muito que aprender. Pelo conhecimento nos aproximamos de Deus e então podemos descansar. Depois voltamos para ensinar e ajudar os outros.

Fiquei sem fala. Aqui estava uma lição posterior à sua morte, do estado intermediário. Qual a fonte *desse* material? Não parecia Catherine. Ela nunca falara assim, com essas palavras, usando essa construção de frase. Até o tom de voz era totalmente diferente.

Naquele momento não percebi que, embora Catherine tivesse pronunciado as palavras, o pensamento não era dela. Estava retransmitindo o que lhe diziam. Mais tarde, ela identificou os Mestres, almas altamente evoluídas, então sem corpo, como a fonte da afirmação. Eles podiam falar comigo através dela. Catherine não só podia regredir a vidas passadas como agora estava transmitindo conhecimentos do além. Um conhecimento lindo. Lutei para conservar minha objetividade.

Uma nova dimensão fora introduzida. Catherine jamais lera os estudos da Dra. Elizabeth Kübler-Ross ou do Dr. Raymond Moody, que escreveram sobre as experiências de quase morte.

Nunca ouvira falar do *Livro tibetano dos mortos*. Mas estava relatando experiências semelhantes. Isso não provava muita coisa. Se pelo menos houvesse mais fatos, mais detalhes tangíveis que eu pudesse verificar. Meu ceticismo vacilava, mas persistia. Talvez ela tivesse lido sobre as pesquisas de quase morte ou assistido a uma entrevista. Embora ela negasse qualquer lembrança consciente de um artigo ou programa sobre o assunto, talvez conservasse uma recordação subconsciente. Mas ela ultrapassou esses textos anteriores e transmitiu uma mensagem vinda do estado intermediário entre duas vidas. Se eu tivesse mais fatos...

Acordada, Catherine se lembrou de detalhes de suas outras vidas, como sempre. Mas nada do que acontecera depois da sua morte como Elizabeth lhe veio à memória. No futuro, ela jamais se lembraria de quaisquer detalhes dos estados intermediários. Só se lembraria das vidas.

"Pelo conhecimento nos aproximamos de Deus."

Estávamos a caminho.

4

– Vejo uma casa branca e quadrada com um caminho de areia em frente. As pessoas passam a cavalo de um lado para outro. Catherine falava no seu sussurro sonhador de costume.
– Há árvores... uma plantação, uma casa bem grande com uma porção de outras menores, como as dos escravos. Faz muito calor. Estamos no Sul... Virgínia? Ela achava que era o ano de 1873. Era uma criança.
– Há cavalos e muitas plantações... milho, tabaco. Ela e outros criados comiam na cozinha da casa dos patrões. Ela era negra e se chamava Abby. Teve um pressentimento, seu corpo ficou tenso. A casa principal estava em chamas, e ela a observava queimar. Adiantei-a 15 anos, até 1888.
– Estou usando um vestido velho, limpo o espelho do segundo andar de uma casa, uma casa de tijolos com janelas... uma porção de vidraças. O espelho é ondulado e tem saliências na extremidade. O dono da casa chama-se James Manson. O casaco dele é engraçado, tem três botões e uma grande gola preta. Ele usa barba... Não o reconheço. – Ela não o reconhecia como alguém de sua vida atual. – Ele me trata bem. Moro numa casa da propriedade. Limpo os quartos. Há uma escola, mas eu não tenho permissão para entrar. Faço manteiga, também!

Catherine sussurrava devagar, usando palavras bem simples e dando muita atenção aos detalhes. Durante os cinco minutos seguintes, aprendi a fazer manteiga. O conhecimento de Abby sobre como se bate a manteiga era novidade também para Catherine. Desloquei-a para mais adiante no tempo.

— Estou com alguém, mas acho que não somos casados. Dormimos juntos... mas nem sempre moramos juntos. Estou tranquila com ele, mas não é nada especial. Não vejo crianças. Há uma macieira e patos. Outras pessoas lá longe. Estou colhendo maçãs. Alguma coisa está irritando meus olhos.

Catherine fazia caretas com os olhos fechados.

— É a fumaça. O vento está soprando para este lado... fumaça de madeira queimando. Estão queimando barris de madeira.

Ela tossia.

— Acontece com frequência. Estão pintando de preto o interior dos barris... breu... para impermeabilizar.

Depois da agitação da última semana, eu estava ansioso para chegar novamente ao estado intermediário. Já tínhamos gastado noventa minutos explorando sua vida como criada. Eu aprendera a fazer as camas, a manteiga e os barris; estava ávido por uma aula mais espiritual. Desistindo de esperar, adiantei-a até sua morte.

— É difícil respirar. Meu peito dói muito. — Catherine sufocava, em evidente sofrimento. — Meu coração dói, bate rápido. Estou com frio... tremendo.

Catherine começou a estremecer.

— Tem gente no quarto, me dão folhas para beber (chá). O cheiro é estranho. Esfregam um linimento no meu peito. Febre... mas sinto muito frio.

Tranquilamente, ela morreu. Flutuando até o teto, ela pôde ver seu corpo na cama, uma velhinha enrugada de seus 60 anos. Ela flutuava apenas, esperando que alguém viesse ajudá-la. Percebeu uma luz, sentiu-se atraída por ela. A luz era cada vez mais forte e mais luminosa. Esperamos em silêncio os minutos se passarem devagar. De repente, ela estava numa outra vida, milhares de anos antes de Abby.

Catherine murmurava suave:

– Vejo uma porção de alhos pendurados numa sala aberta. Sinto o *cheiro*. Acredita-se que podem acabar com os males do sangue e limpar o corpo, mas é preciso comê-los todos os dias. Tem alho lá fora também, no alto do jardim. E outras hortaliças... figos, tâmaras e ervas. Alguém em casa está doente. São raízes estranhas. Às vezes a gente as guarda na boca, nos ouvidos ou em outros orifícios.

Ela notou a presença de um velho de barba.

– É um dos curandeiros da aldeia. Ele nos diz o que fazer. Está havendo uma espécie de... praga... matando as pessoas. Não estão embalsamando porque têm medo da doença. Apenas enterram os mortos. Por isso o povo está infeliz. Acham que assim a alma não continua. – Ao contrário dos relatos de Catherine sobre o pós--morte. – Mas muitos morreram. O gado está morrendo também. Água... enchentes... as pessoas adoecem por causa das enchentes.

Aparentemente ela só percebeu esse aspecto da epidemiologia.

– Eu também tenho um mal-estar que peguei da água – continuou. – Meu estômago dói. A doença é nos intestinos e no estômago. O corpo perde muito líquido. Estou perto da água para apanhar mais, mas isso é o que está nos matando. Levo a água. Vejo minha mãe e meus irmãos. Meu pai já morreu. Meus irmãos estão muito doentes.

Fiz uma pausa antes de fazê-la avançar no tempo. Estava fascinado pela forma como seus conceitos de morte e pós-morte mudavam tanto de uma vida para outra. Mas a sua *experiência* da morte em si era muito uniforme, muito igual, sempre. Uma parte consciente deixava o corpo quando ela morria, flutuava no alto e depois era atraída por uma luz maravilhosa e energizante. Ela então esperava por alguém que viesse ajudá-la. A alma automaticamente seguia o seu caminho. Embalsamar, cumprir rituais funerários ou qualquer outro procedimento após a morte nada

tinha a ver com isso, que era automático, sem necessidade de preparação, como atravessar uma porta recém-aberta.
— A terra é estéril e seca... Não vejo montanhas por aqui, só terra, muito plana e seca. Um de meus irmãos morreu. Sinto-me melhor, mas a dor continua.
Contudo, ela não viveu muito mais.
— Estou deitada num catre com uma espécie de coberta. Estava muito doente, e nenhum alho ou erva pôde evitar sua morte. Logo ela estava flutuando sobre o corpo, atraída pela luz familiar. Esperou pacientemente que alguém viesse.
Sua cabeça começou a virar lentamente de um lado para outro, como se ela estivesse explorando uma cena. Falou de novo com voz alta e rouca:
— Dizem-me que há vários deuses, pois Deus está em cada um de nós.

Reconheci a voz do estado intermediário pela rouquidão e pelo tom inegavelmente espiritual da mensagem. O que ela disse em seguida me deixou sem fôlego, respirando com dificuldade.
— Seu pai está aqui, e o seu filho, que é pequeno. Seu pai diz que você o reconhecerá porque ele se chama Avrom e sua filha tem o mesmo nome. Ele morreu do coração. O coração de seu filho também era importante, porque estava invertido, como o de uma galinha. Ele fez um grande sacrifício por amor a você. A alma dele é muito evoluída... Sua morte pagou as dívidas dos pais. Ele também quis lhe mostrar que a medicina tem limites, que seu campo de ação é muito limitado.

Catherine parou de falar e eu fiquei sentado em silêncio, estupefato, minha mente entorpecida, tentando entender as coisas. A sala estava gelada.

Ela sabia pouco da minha vida pessoal. Sobre a mesa, eu tinha uma fotografia da minha filha bebê, sorrindo feliz, com seus dois dentinhos na boca banguela. A fotografia de um menino estava ao lado. A não ser isso, Catherine nada sabia sobre a minha família ou a minha história pessoal. Eu era bem escolado nas técnicas terapêuticas tradicionais. O terapeuta devia ser uma tábua rasa, um quadro em branco onde o paciente projetaria seus próprios sentimentos, ideias e atitudes, que seriam então analisados, aumentando o campo mental do paciente. Eu mantivera essa distância terapêutica com Catherine. Ela realmente só me conhecia como psiquiatra, nada do meu passado ou da minha vida particular. Nem mesmo meu diploma estava exposto no consultório.

A maior tragédia da minha vida fora a morte inesperada de nosso primeiro filho, Adam, com apenas 23 dias, no início de 1971. Cerca de dez dias depois de sair do hospital, ele apresentou problemas respiratórios e vômitos. "Drenagem venosa pulmonar totalmente anômala com defeito do septo auricular", disseram-nos. "Ocorre uma vez em cada 10 milhões de partos." As veias pulmonares, que deveriam levar de volta o sangue oxigenado para o coração, estavam com a trajetória errada, entrando pelo outro lado. É como se o coração dele estivesse virado ao contrário, *invertido*. Raro, extremamente raro.

Uma heroica cirurgia de coração aberto não conseguiu salvar Adam, que morreu alguns dias depois. Choramos durante meses, os nossos sonhos e esperanças frustrados. Nosso filho Jordan nasceu um ano depois, um grato bálsamo para nossas feridas.

Na época em que Adam morreu, eu estava em dúvida quanto à minha escolha da psiquiatria como carreira. Estava gostando do meu estágio em doenças internas e tinham me oferecido uma residência. Depois da morte de Adam, decidi que faria da psiquiatria a minha profissão. Estava frustrado com a medicina moderna, que, com todas as suas especializações e tecnologias avançadas, não conseguira salvar meu filho, um simples bebezinho.

Meu pai tinha uma saúde excelente, até um forte ataque cardíaco no início de 1979, aos 61 anos. Sobreviveu ao primeiro ataque, mas as paredes do coração ficaram irremediavelmente danificadas e ele morreu três dias depois. Isso acontecera nove meses antes da primeira consulta de Catherine.

Meu pai era um homem religioso, mais ritualista que espiritual. Seu nome hebraico, Avrom, condizia mais com ele do que o inglês, Alvin. Quatro meses depois da sua morte, nasceu nossa filha Amy, que recebeu esse nome em sua homenagem.

Aqui, em 1982, no meu tranquilo e sombreado consultório, uma ensurdecedora cascata de verdades secretas e ocultas caía sobre mim. Eu nadava num mar espiritual, amando a água. Meus braços estavam arrepiados. Catherine não podia conhecer aqueles dados. Não havia nem onde buscá-los. O nome *hebraico* de meu pai, o fato de eu ter tido um filho que morreu bebê, de um defeito no coração que ocorre apenas uma vez em cada 10 milhões de crianças, o meu rancor pela medicina, a morte do meu pai e o nome da minha filha – era muita coisa, eram muitas informações específicas, muitas verdades. Essa simples técnica de laboratório era um conduto de sabedoria transcendental. E, se ela podia revelar essas verdades, o que mais havia? Eu precisava saber mais.

– Quem... – gaguejei – quem está aí? Quem lhe diz essas coisas?

– Os Mestres – sussurrou ela. – Os Espíritos Mestres me dizem. Eles me dizem que vivi 86 vezes em estado físico.

A respiração de Catherine se acalmou, a cabeça parou de virar de um lado para outro. Ela descansava. Eu queria continuar, mas suas afirmações me perturbavam. Ela vivera mesmo 86 vezes antes? E os "Mestres"? Seria possível? Será que nossas vidas são guiadas por espíritos sem corpo físico mas dotados de grande sabedoria? Há etapas no caminho para Deus? Isso seria real? Era difícil duvidar, diante do que ela acabara de dizer, mas eu continuava lutando para acreditar. Eu estava ganhando anos de programação alternativa. Mas na minha cabeça, no meu coração e no mais íntimo do meu ser sabia que ela estava certa. O que ela revelava era verdadeiro.

E o meu pai e o meu filho? De certo modo, eles continuavam vivos, nunca morreram realmente. Estavam falando comigo, anos depois de enterrados, e provando isso com informações específicas e secretas. E, se tudo aquilo fosse verdade, meu filho era tão desenvolvido espiritualmente como Catherine dissera? Ele concordara mesmo em nascer e morrer 23 dias depois para nos ajudar com nossas dívidas cármicas e, além disso, ensinar-me sobre a medicina e a humanidade, empurrando-me de volta para a psiquiatria? Esses pensamentos me alentaram. Debaixo dos calafrios, sentia crescer um grande amor, um forte sentimento de unidade e conexão com os Céus e a Terra. Eu tinha saudades do meu pai e do meu filho. Era bom ouvir falar deles de novo.

~

Minha vida jamais voltaria a ser a mesma. Uma mão descera e alterara irreversivelmente seu curso. Todas as minhas leituras, feitas com cuidadoso espírito escrutinador e neutralidade cética, se encaixavam. As lembranças e mensagens de Catherine eram verdadeiras. Minhas intuições sobre a exatidão de suas experiências estavam corretas. Eu tinha fatos. Tinha a prova.

No entanto, mesmo naquele instante de alegria e compreensão, mesmo naquele momento de experiência mística, a velha e familiar parte lógica e desconfiada da minha mente abrigava uma objeção. Talvez fosse apenas percepção extrassensorial, ou alguma destreza mediúnica. Admite-se que possa ser uma grande habilidade, mas não prova a reencarnação ou os Espíritos Mestres. No entanto, agora eu compreendia melhor. Os milhares de casos registrados na literatura científica, sobretudo de crianças que falam línguas estrangeiras às quais nunca foram expostas, as marcas de nascença onde antes houvera feridas mortais, essas mesmas crianças que sabem onde se escondem objetos preciosos, enterrados há décadas ou séculos a centenas de quilômetros de distância, tudo refletia a mensagem de Catherine. Eu conhecia seu caráter e sua mente. Eu sabia o que ela era e o que não era. Não, a minha razão não ia me enganar. A prova era forte demais e irresistível. Era verdade. Ela confirmaria isso cada vez mais em nossas sessões subsequentes.

Nas semanas seguintes, às vezes eu esquecia o poder e o imediatismo dessa sessão. Às vezes eu voltava à rotina de todos os dias, preocupado com as coisas cotidianas. A dúvida vinha à tona. Era como se minha mente, desfocada, tendesse a voltar aos antigos padrões, crenças e ceticismos. Mas aí eu me lembrava – isso aconteceu! A experiência é necessária para somar a crença emocional à compreensão intelectual. Mas o impacto sempre diminui um pouco.

No início eu não tinha consciência da razão de estar mudando tanto. Sabia que estava mais calmo e paciente e os outros me diziam que eu parecia tranquilo, mais descansado e feliz. Eu tinha mais esperança, alegria, objetivos e satisfação na vida. Percebi que estava perdendo o medo da morte. Não temia mais a minha própria morte ou a não existência. Tinha menos medo de perder os outros, mesmo sabendo que iria sentir falta deles. Como é poderoso o medo da morte! As pessoas chegam a extremos para evitá-lo: crises de meia-idade, casos com pessoas mais jovens, cirurgias plásticas, ginástica obsessiva, acúmulo de bens materiais, filhos para perpetuarem o nome, esforço para ficarem cada vez mais jovens e daí por diante. Ficamos tão preocupados com a morte que esquecemos o verdadeiro objetivo de nossa vida.

Eu estava também ficando menos obsessivo. Não precisava manter tudo sob controle o tempo todo. Embora estivesse tentando me tornar menos sério, a transformação era difícil para mim. Ainda havia muito que aprender.

Minha mente estava agora aberta à possibilidade, até à probabilidade, de que as palavras de Catherine fossem reais. Os fatos inacreditáveis sobre meu pai e meu filho não poderiam ser obtidos pelos sentidos comuns. Seu conhecimento e suas capacidades certamente demonstravam um excepcional poder mediúnico. Fazia sentido acreditar nela, mas continuei desconfiado e cético a respeito do que encontrava na literatura popular. Quem são essas pessoas que relatam fenômenos mediúnicos, vida após a morte e outros assombrosos acontecimentos paranormais? Estão treinadas no método científico da observação e comprovação? Apesar da minha incrível e maravilhosa experiência com Catherine, eu sabia que minha razão naturalmente crítica continuaria a examinar cada fato novo, cada informação. Eu verificaria se ela se ajustava ao quadro que ia sendo construído a cada sessão. Eu examinaria de todos os ângulos, com o microscópio de um cientista. Mas, apesar disso, não podia continuar negando que o quadro já se encontrava ali.

5

Estávamos ainda no meio da sessão. Catherine acabou de descansar e começou a falar de estátuas verdes diante de um templo. Despertei do meu devaneio e prestei atenção. Ela estava numa vida antiga, em algum lugar da Ásia, mas eu continuava com os Mestres. Inacreditável, pensei. Ela estava falando sobre vidas anteriores, sobre *reencarnação*, mas eu aguardava ansiosamente as mensagens dos Mestres. Eu já percebera, no entanto, que ela precisava percorrer toda uma vida para poder deixar seu corpo e alcançar um estado intermediário. Isso não podia ser feito de imediato. Só depois ela entrava em contato com os Mestres.

– As estátuas verdes estão diante de um grande templo – murmurou ela baixinho –, uma construção com pontas e esferas marrons. São 17 degraus na frente e, depois de subir a escada, há uma sala. Ninguém usa sapatos. Todos têm a cabeça raspada. Os rostos são redondos e os olhos, escuros. A pele é escura. Eu estou aqui. Machuquei o pé e vim pedir ajuda. Meu pé está inchado, não consigo pisar. Tem alguma coisa enfiada nele. Colocam algumas folhas sobre o ferimento... Folhas estranhas... Tânis?

Talvez estivesse se referindo ao tanino, ou ácido tânico, encontrado de forma natural nas raízes, madeiras, cascas, folhas e frutos de muitas plantas. É usado desde a Antiguidade como remédio, devido às suas propriedades homeostáticas e adstringentes.

– Primeiro limparam meu pé – continuou Catherine. – É um ritual diante dos deuses. Ele está envenenado. Pisei em alguma coisa. Meu joelho está inchado. Minha perna está pesada e com manchas. – Ela parecia descrever um envenenamento do sangue. – Abriram um buraco no pé e colocaram alguma coisa quente lá dentro.

Catherine se contorcia de dor. Estava também enjoada com alguma bebida amarga que lhe deram. A poção tinha sido feita com folhas amarelas. Ela ficou curada, mas os ossos do pé e da perna não se recuperaram. Avancei-a no tempo. Ela viu apenas uma vida triste e pobre. Morava com a família numa pequena cabana de um só cômodo, sem mesa. Comiam uma espécie de arroz, um cereal, mas estavam sempre com fome. Ela envelhecia rapidamente, nunca escapando da pobreza ou da fome, e morreu. Esperei, apesar de entender a exaustão de Catherine. Antes de acordá-la, contudo, ela me disse que Robert Jarrod precisava da minha ajuda. Eu não tinha ideia de quem fosse nem como poderia ajudá-lo. Não houve mais nada.

Depois de acordar do transe, Catherine novamente se lembrou de muitos detalhes daquela vida passada. Mas não lembrou nada de suas experiências de pós-morte, nada do estado intermediário, dos Mestres ou do incrível conhecimento que fora revelado. Fiz-lhe uma pergunta:

– Catherine, o que significa a palavra "Mestres" para você?

Ela achou que eu estava falando do Masters de golfe! Ela progredia rapidamente, mas ainda não conseguia integrar o conceito de reencarnação à sua teologia. Portanto, resolvi não lhe falar dos Mestres ainda. Além do mais, eu não sabia como lhe dizer que ela era uma médium incrivelmente poderosa, capaz de canalizar o conhecimento maravilhoso e transcendental dos Espíritos Mestres.

Catherine permitiu que minha mulher assistisse à sessão seguinte. Carole é assistente social psiquiátrica, bem preparada e altamente especializada, e eu queria sua opinião acerca daquelas coisas inacreditáveis que estavam acontecendo. Depois que lhe contei o que Catherine dissera sobre meu pai e nosso filho Adam, ela se mostrou ansiosa por ajudar. Eu não tinha dificuldade em anotar cada palavra de Catherine quando ela falava baixo e devagar, mas os Mestres falavam rápido demais, então resolvi gravar tudo.

Uma semana depois, Catherine voltou para sua próxima sessão. Continuava a melhorar, diminuídos os medos e ansiedades. A melhora clínica era evidente, mas eu ainda não tinha muita certeza da razão desse progresso. Ela se lembrava de ter se afogado como Aronda, de ter o pescoço cortado como Johan, de ter sido vítima de uma epidemia causada pela água contaminada como Luísa e de outros acontecimentos terrivelmente traumáticos. Ela também tivera a experiência, ou repetidas experiências, de pobreza, servidão e maus-tratos na família. Os últimos são exemplos dos minitraumas diários que também se enraízam em nossa psique. A lembrança dos dois tipos de vida poderia estar contribuindo para sua melhora. Mas havia uma outra possibilidade. A experiência espiritual em si estaria ajudando? O conhecimento de que a morte não é o que parece ser estaria contribuindo para uma sensação de bem-estar, de menos medo? O *processo todo*, e não apenas as lembranças em si, faria parte da cura?

A capacidade mediúnica de Catherine aumentava, tornando-a cada vez mais intuitiva. Ainda tinha problemas com Stuart, mas sentia-se muito mais capaz de enfrentá-lo. Seus olhos brilhavam, a pele reluzia. Contou que tivera um sonho estranho naquela semana, mas só se lembrava de um pedaço. Sonhou que estava com uma barbatana vermelha de peixe cravada na mão.

Ela se entregou logo, chegando em poucos minutos a um nível profundo de hipnose.

– Vejo umas rochas. Estou sentada nelas, olhando para baixo. Eu deveria estar procurando navios, isto é o que eu deveria estar fazendo... Estou usando uma roupa azul, uma espécie de calça azul... calças curtas e sapatos estranhos... pretos... e eles

dobram. Os sapatos têm dobras, são muito engraçados... Não vejo navios no horizonte.
 Catherine falava baixinho. Adiantei-a no tempo até o próximo acontecimento importante em sua vida.
 – Estamos bebendo cerveja, uma cerveja forte. É bem escura. As canecas são grossas. São velhas, presas com suportes de metal. O lugar fede e tem muita gente. Muito barulho. Todo mundo fala, muito barulhento.
 Perguntei se ouvia alguém dizendo seu nome.
 – Christian... Christian é o meu nome.
 Ela era homem de novo.
 – Estamos comendo uma espécie de carne e bebendo cerveja. Ela é escura e amarga. Eles colocam sal.
 Ela não sabia em que ano estava.
 – Estão falando sobre uma guerra, barcos que bloqueiam portos! Mas não consigo escutar onde. Se ficassem quietos, mas todo mundo fala ao mesmo tempo e faz barulho.
 Perguntei onde estava.
 – Hamstead... Hamstead. É um porto, um porto no País de Gales. Estão falando inglês.
 Ela se adiantou até quando Christian estava em seu barco.
 – *Sinto um cheiro*, alguma coisa queimando. Um cheiro horrível. Madeira queimando, mas alguma outra coisa também. Irrita o nariz... Alguma coisa lá longe está pegando fogo, um barco a vela. Estamos carregando! Estamos carregando alguma coisa com pólvora.
 Catherine estava visivelmente agitada.
 – É alguma coisa com pólvora, preta demais. Gruda na mão. É preciso andar rápido. O navio tem uma bandeira verde. A bandeira é escura... É verde e amarela. Tem uma espécie de coroa com três pontas.
 De repente, Catherine fez uma careta de dor. Estava aflita.

– Ai – resmungou –, minha mão está doendo, minha mão está doendo! Tem um metal, um metal quente na minha mão. Está me queimando! Ai! Ai! Lembrei-me do sonho e compreendi o que significava a barbatana vermelha em sua mão. Bloqueei a dor, mas ela continuou gemendo.

– Os estilhaços são de metal... O navio em que estávamos foi destruído... o porto. Controlaram o fogo. Muitos homens morreram... muitos homens. Eu sobrevivi... só minha mão está machucada, mas com o tempo ela vai ficar boa.

Adiantei-a, dizendo que escolhesse o próximo acontecimento importante.

– Vejo uma espécie de gráfica, estão imprimindo alguma coisa com blocos e tinta. Estão imprimindo e encadernando livros... As capas são de couro e os livros, amarrados com tiras, tiras de couro. Vejo um livro vermelho... Alguma coisa sobre história. Não posso ver o título, não acabaram de imprimir. Os livros são maravilhosos. O couro das capas é muito macio. São livros maravilhosos, que ensinam a gente.

Obviamente Christian estava gostando de ver e tocar os livros, intuindo vagamente a possibilidade de aprender por esse meio. Mas ele parecia analfabeto. Levei Christian até o último dia de sua vida.

– Vejo uma ponte sobre um rio. Sou um velho... muito velho. É difícil andar. Estou atravessando uma ponte... para o outro lado... sinto uma dor no peito, pressão, uma terrível pressão, uma dor no peito! Ai!

Catherine emitia os sons como se estivesse vivenciando o aparente ataque cardíaco sofrido por Christian na ponte. Sua respiração era rápida e curta, seu rosto e pescoço estavam cobertos de suor. Ela começou a tossir e a respirar com dificuldade. Fiquei preocupado. Vivenciar um ataque cardíaco ocorrido numa vida anterior seria perigoso? Esta era uma nova fronteira; ninguém sabia a resposta. Finalmente, Christian morreu. Catherine estava deitada tranquila no sofá, respirando profunda e regularmente. Dei um suspiro de alívio.

– Sinto-me livre... livre – murmurou Catherine suavemente. – Estou flutuando na escuridão... apenas flutuando. Tem uma luz ao redor... e espíritos, outras pessoas.

Perguntei se ela pensava na vida que acabara de terminar, sua vida como Christian.

– Eu deveria ter sido mais clemente, mas não fui. Não perdoei o mal que me fizeram, e deveria ter perdoado. Não perdoei os erros. Conservei-os comigo e os guardei durante anos... vejo olhos... olhos.

– Olhos? – repeti, percebendo o contato. – Que tipo de olhos?

– Os olhos dos Espíritos Mestres – sussurrou Catherine –, mas devo esperar. Tenho que pensar sobre algumas coisas. Minutos se passaram em tenso silêncio.

– Como vai saber se eles estão prontos? – perguntei com expectativa, quebrando o longo silêncio.

– Eles me chamarão – respondeu ela.

Passaram-se mais alguns minutos. Então, de repente, sua cabeça começou a virar de um lado para o outro e a voz, rouca e firme, sinalizou a mudança:

– Há muitas almas nessa dimensão. Não sou a única. Devemos ser pacientes. Isso é uma coisa que eu nunca aprendi também... Há muitas dimensões...

Perguntei se ela estivera lá antes, se reencarnara várias vezes.

– Estive em planos diferentes em épocas diferentes. Cada um deles é um nível de consciência superior. O plano para onde vamos depende de quanto progredimos...

Ela se calou de novo. Perguntei o que ela precisava aprender para progredir. Respondeu imediatamente:

– Devemos dividir o nosso conhecimento com os outros. Todos nós temos mais capacidades do que usamos. Alguns descobrem isso antes dos outros. Devemos avaliar nossas próprias imperfeições antes de atingir esse ponto. Se não fizermos isso, vamos carregá-las para outra vida. Só nós podemos nos libertar... dos maus hábitos que acumulamos no estado físico. Os Mestres não podem fazer isso por nós. Se preferir lutar e não se libertar, você as carregará até a outra vida. Só quando resolvemos que somos fortes o bastante para dominar os problemas externos nos livramos deles na vida seguinte.

"Devemos também aprender a não nos aproximarmos apenas das pessoas cujas vibrações sejam iguais às nossas. É normal sentir-se atraído por alguém do mesmo nível que o seu. Mas está errado. Você deve também se aproximar de pessoas cujas vibrações sejam contrárias... às suas. Essa é a importância... de ajudar... essas pessoas.

"Recebemos poderes intuitivos que devemos seguir sem tentar resistir. Aqueles que resistem encontrarão o perigo. Não somos mandados de volta de cada plano com os mesmos poderes. Alguns possuem poderes maiores que os outros, porque os foram acumulando em outras épocas. Portanto, as pessoas não são todas criadas iguais. Mas um dia atingiremos um ponto em que todos seremos iguais."

Catherine parou. Eu sabia que aqueles pensamentos não eram dela. Ela não possuía conhecimentos de física ou metafísica, nada sabia de planos, dimensões e vibrações. Mas, além disso, a beleza das palavras e das ideias, as implicações filosóficas do pronunciamento ultrapassavam a capacidade de Catherine. Ela jamais falara de maneira tão concisa e poética. Eu sentia uma outra força, superior, lutando com sua mente e suas cordas vocais, traduzindo esses pensamentos em palavras, para que eu entendesse. Não, não era Catherine.

Sua voz tinha um tom onírico.
– Pessoas que estão em coma... estão em estado de suspensão. Ainda não estão prontas para atravessar para outro plano... até que decidam se querem ou não atravessar. Só elas podem decidir. Se acham que não têm mais o que aprender... no estado físico... terão permissão para atravessar. Mas, se devem continuar o aprendizado, terão que voltar, mesmo não querendo. É um período de repouso, um tempo de descanso para seus poderes mentais.

Assim, as pessoas em coma podem decidir se voltam ou não, dependendo de quanto ainda precisem aprender no estado físico. Se acham que não há mais nada, podem ir diretamente para o estado espiritual, apesar de todos os avanços da medicina. Esse conhecimento se encaixava perfeitamente nas pesquisas que estavam sendo publicadas sobre as experiências de morte clínica e no motivo que levava algumas pessoas a escolherem voltar. Outras não têm opção, precisam voltar porque ainda têm o que aprender. É claro que todas as pessoas entrevistadas sobre suas experiências de morte clínica retornaram ao corpo físico. Suas histórias são surpreendentemente semelhantes. Elas se separam de seus corpos e "observam" de cima os esforços para sua ressurreição. Por vezes, percebem uma luz forte ou uma imagem "espiritual" brilhando a distância ou no fim de um túnel. Não sentem dor. Quando têm consciência de que suas tarefas na Terra ficaram incompletas e que precisam voltar aos seus corpos, elas retornam, imediatamente dando-se conta da dor e de outras sensações físicas.

Tive vários pacientes com experiências de morte clínica. A história mais interessante foi a de um bem-sucedido homem de negócios sul-americano que fez várias sessões de psicoterapia convencional comigo, cerca de dois anos depois de ter terminado o tratamento de Catherine. Jacob fora atropelado por uma motocicleta na Holanda, em 1975, e ficou inconsciente. Tinha 30 e poucos anos. Ele se lembrava de ter pairado sobre seu corpo e visto a cena do acidente, a ambulância, o médico que cuidou de seus ferimentos e a multidão que observava. Percebeu uma luz dourada a distância e, quando se aproximou dela, viu um monge vestindo um manto marrom. O monge disse a Jacob que ainda não era hora de morrer, que ele tinha que voltar para seu corpo. Jacob sentiu a sabedoria e o poder do monge, que também revelou vários acontecimentos futuros em sua vida, ocorridos todos mais tarde. Jacob voltou ao corpo, agora num leito de hospital, recuperou a consciência e, pela primeira vez, sentiu dores terríveis.

Em 1980, viajando para Israel, Jacob, que é judeu, visitou a Gruta dos Patriarcas em Hebron, local sagrado tanto para os judeus como para os muçulmanos. Depois da experiência na Holanda, ele se tornara muito religioso e passara a rezar com mais frequência. Vendo a mesquita ali perto, sentou-se com os muçulmanos para rezar. Pouco depois se levantou para sair. Um velho se aproximou dele e disse: "Você não é como os outros. É raro eles se sentarem conosco para rezar." O velho parou um instante e olhou bem para Jacob antes de continuar: "Você viu o monge. Não se esqueça do que ele lhe disse." Cinco anos depois do acidente e milhares de quilômetros distante, um velho sabia do seu encontro com o monge, que acontecera enquanto ele estava inconsciente.

~

No consultório, pensando nas últimas revelações de Catherine, fiquei imaginando o que nossos padres fundamentalistas achariam da afirmativa de que os seres humanos não são criados iguais. As pessoas nascem com talentos, habilidades e poderes acumulados em outras vidas. "Mas no fim chegaremos a um ponto em que todos seremos iguais." Achei que esse ponto estaria muitas vidas distante.

Pensei sobre o jovem Mozart e seu incrível talento na infância. Seria isso também um transporte de antigas habilidades? Aparentemente, assim como as dívidas, carregamos as capacidades.

Pensei em como as pessoas tendem a se reunir em grupos homogêneos, evitando e muitas vezes temendo os estranhos. Essa era a origem do preconceito e das inimizades entre grupos. "Devemos também aprender a não nos aproximarmos apenas das pessoas cujas vibrações sejam iguais às nossas." *Ajudar* essas outras pessoas. Eu podia sentir as verdades espirituais existentes nessas palavras.

– Preciso voltar – recomeçou Catherine. – Preciso voltar.

Mas eu queria ouvir mais. Perguntei quem era Robert Jarrod. Ela mencionara seu nome na última sessão, dizendo que ele precisava da minha ajuda.

– Não sei... Talvez ele esteja em outro plano, e não neste. – Aparentemente ela não conseguia encontrá-lo. – Só quando ele quiser, só se ele resolver vir até mim – murmurou ela –, ele vai me mandar uma mensagem. Ele precisa da sua ajuda.

Eu continuava sem entender como poderia ajudar.

– Eu não sei – disse Catherine. – Mas é você quem tem que descobrir, e não eu.

Isso era interessante. Seriam elementos para mim? Ou, aprendendo, eu estaria ajudando Robert Jarrod? Nunca tínhamos ouvido falar dele.

– Preciso voltar – repetia ela. – Preciso voltar para a luz primeiro. Ah, ah, hesitei muito... Por isso vou ter que esperar de novo.

Enquanto ela esperava, perguntei o que estava vendo e sentindo.

– Apenas outros espíritos, outras almas. Estão esperando, também.

Perguntei se havia algo para aprendermos enquanto ela esperava:

– Pode nos dizer o que devemos saber?

– Eles não estão aqui para me dizer – respondeu ela.

Fascinante. Quando os Mestres não estavam ali para falar com ela, Catherine não era capaz de transmitir o conhecimento de forma independente.

– Estou muito inquieta aqui. Eu quero ir... Quando chegar a hora, eu vou.

De novo se passaram alguns minutos em silêncio. Finalmente deve ter chegado a hora. Ela caiu numa outra vida.

– Vejo macieiras... e uma casa, uma casa branca. Eu moro na casa. As maçãs estão podres... vermes... e estão ruins. Tem um balanço, um balanço na árvore.

Pedi que olhasse para si mesma.

– Tenho 5 anos, cabelos claros, louros. Meu nome é Catherine.

Fiquei surpreso. Ela entrara na sua vida atual, era Catherine aos 5 anos de idade. Mas ela deveria estar ali por algum motivo.

– Aconteceu alguma coisa aí, Catherine? – perguntei.

– Meu pai está zangado conosco... não devíamos estar aqui fora. Ele... ele está me batendo com um bastão. É muito pesado; dói... tenho medo. – Ela choramingava, falando como uma criança. – Ele não vai parar enquanto não machucar a gente. Por que ele faz isso? Por que ele é tão ruim?

Pedi que ela observasse a sua vida de uma outra perspectiva e respondesse às suas próprias perguntas. Eu lera recentemente sobre pessoas que conseguiam fazer isso. Alguns autores chamavam essa perspectiva de Eu Superior ou Grande Eu. Estava curioso para saber se Catherine conseguiria acessá-lo, se ele existia. Se ela conseguisse, essa seria uma técnica terapêutica poderosa, um atalho para o insight e a compreensão.

– Ele nunca quis a gente – murmurava ela suavemente. – Ele acha que a gente se intrometeu na vida dele... Ele não quer a gente.

– Seu irmão também? – perguntei.

– Sim, meu irmão ainda mais. Eles nunca planejaram ter o meu irmão. Não estavam nem casados... quando ele foi concebido. Isso foi uma surpresa para Catherine. Ela nunca soube de uma gravidez pré-conjugal. A mãe, depois, confirmou a revelação.

Embora estivesse relatando sua vida, Catherine mostrava sabedoria e perspectiva que antes se restringiam aos estados intermediários, ou espirituais. Havia uma parte "superior" de sua mente, uma espécie de superconsciência. Talvez isso fosse o Eu Superior que outros haviam descrito. Não estava em contato com os Mestres e seus conhecimentos espetaculares e, no entanto, em seu estado superconsciente, ela possuía uma percepção e um conhecimento profundos, como sobre a concepção do irmão. A Catherine consciente, quando acordada, era bem mais ansiosa e limitada, muito mais simples e comparativamente superficial. Ela não conseguia penetrar nesse estado superconsciente. Imaginei se os profetas e sábios das religiões orientais e ocidentais, os chamados "realizados", haviam sido capazes de utilizar esse estado de superconsciência para obter sabedoria e conhecimento. Se assim foi, então todos nós temos capacidade de fazer o mesmo, pois devemos todos possuir essa superconsciência. O psicanalista Carl Jung estava atento aos diferentes níveis de consciência. Ele escreveu sobre o inconsciente coletivo, uma instância de nossa psique com pontos semelhantes à superconsciência de Catherine.

Fui ficando cada vez mais frustrado com o abismo intransponível entre o intelecto desperto e consciente de Catherine e sua mente superconsciente em transe. Enquanto hipnotizada, eu desenvolvia diálogos filosóficos fascinantes com ela, num nível superconsciente. Quando acordada, no entanto, Catherine não tinha qualquer interesse por filosofia ou assuntos afins. Vivia num mundo de detalhes rotineiros, ignorando o gênio que havia dentro dela.

Por enquanto, seu pai a atormentava, e o motivo estava ficando evidente.
— Ele tem muito a aprender... – falei, em tom de pergunta.
— Sim... tem, sim.
Perguntei se ela sabia o que ele precisava aprender.
— Esse conhecimento não me é revelado. – Seu tom era distante. – O que me revelam é aquilo que é importante para mim, o que se refere a mim – continuou. – Cada um deve se preocupar consigo mesmo... em se tornar... completo. Temos lições a aprender... cada um de nós. Devem ser aprendidas uma de cada vez... em ordem. Só então poderemos saber o que o outro precisa, o que falta nele, ou nela, ou o que falta em nós, para nos tornarmos completos.

Ela falava baixinho e seu sussurro transmitia um sentimento de desapego amoroso. Quando Catherine voltou a falar, retomou sua voz de criança:

— Ele está me dando enjoo! Está me fazendo comer esta droga que eu não quero. É uma comida... alface, cebola, uma droga que eu detesto. Ele está me obrigando a comer e sabe que vou vomitar. Mas não se importa!

Catherine começou a engasgar. Tinha dificuldade de respirar. Tornei a sugerir que observasse a cena de uma perspectiva mais ampla; ela precisava compreender por que seu pai agia assim.

— Eu devo preencher algum vazio que existe dentro dele. Ele me odeia pelo que fez, por causa daquilo, e odeia a si mesmo – murmurou ela, irritada.

Eu tinha quase esquecido a agressão sexual que ela havia sofrido aos 3 anos de idade.

— Por isso ele tem que me castigar... eu devo ter feito alguma coisa para que ele fizesse aquilo.

Ela só tinha 3 anos, e o pai estava bêbado. No entanto, ela carregava bem lá no fundo essa culpa desde aquela época. Expliquei o óbvio:

– Você era um bebê. Agora precisa aliviar essa culpa. Você não fez nada. O que uma criança de 3 anos pode fazer? Não foi você, foi seu pai.

– Ele deve ter me detestado, então – murmurou ela devagar. – Eu o conhecia antes, mas não posso recorrer a essa informação agora. Preciso voltar àquela época.

Embora já se tivessem passado várias horas, eu queria voltar ao seu relacionamento anterior. Dei-lhe instruções detalhadas.

– Você está em transe profundo. Vou começar a contar de trás para a frente, de três até um. Você vai cair num estado ainda mais profundo e sentir-se totalmente segura. Sua mente estará livre para voltar no tempo, para a época em que começou a ligação com seu pai na sua vida atual, a época de maior responsabilidade pelo que aconteceu na sua infância entre você e ele. Quando eu disser 'um', você vai voltar àquela vida e se lembrar. Isso é importante para a sua cura. Você pode fazer isso. Três... dois... um.

Fez-se uma longa pausa.

– Eu não o vejo... mas vejo pessoas sendo mortas! – A voz dela ficou alta e rouca. – Não temos o direito de interromper tão brutalmente a vida das pessoas antes que elas tenham vivido o seu carma. E estamos fazendo isso. Não temos o direito. O castigo delas será maior se as deixarmos viver. Quando morrerem e forem para uma outra dimensão, vão sofrer. Não estarão tranquilas. Não terão paz. E elas voltarão, mas suas vidas serão muito duras. E terão que compensar aqueles a quem magoaram, pelas injustiças que lhes fizeram. Eles estão interrompendo a vida dessas pessoas sem ter o direito de fazê-lo. Só Deus pode castigá-los, nós, não. Eles serão punidos.

Passou-se um minuto em silêncio.

– Foram embora – murmurou ela.

Os Espíritos Mestres haviam nos dado uma mensagem hoje,

forte e clara. Não devemos matar, sejam quais forem as circunstâncias. Só Deus pode castigar.

Catherine estava exausta. Resolvi adiar a nossa busca de sua ligação com o pai numa vida passada e despertei-a do transe. Ela não se lembrou de nada, a não ser das encarnações como Christian e da jovem Catherine. Estava cansada, porém tranquila e relaxada, como se a tivessem livrado de um peso enorme. Meus olhos encontraram os dela. Estávamos exaustos. Tínhamos tremido e suado, agarrando-nos a todas as palavras. Havíamos partilhado uma experiência incrível.

6

Eu agora marcava as sessões semanais de Catherine no fim do dia, porque estavam durando muitas horas. Ela continuava com seu ar tranquilo quando voltou na semana seguinte. Falara com o pai pelo telefone. Sem lhe dar detalhes, ela, a seu modo, o perdoara. Nunca vira Catherine tão serena. Admirei-me com a rapidez do seu progresso. Era raro um paciente com ansiedades e medos tão crônicos e profundos apresentar uma melhora tão notável. Mas, é claro, ela não era uma paciente comum, e o curso que a terapia tomara certamente era único.

– Vejo uma boneca de porcelana numa espécie de prateleira. Ela caíra rapidamente num transe profundo.

– Há livros perto da lareira, dos dois lados. É a sala de uma casa. Há velas perto da boneca. E uma pintura... do rosto, do rosto de um homem. É ele...

Ela examinava a sala. Perguntei o que estava vendo.

– Uma espécie de coberta no chão... um tipo de manta feita de pele de animal, sim... sim, uma espécie de manta de pele no chão. À direita, duas portas de vidro... que dão para a varanda. Há colunas em frente da casa e quatro degraus que conduzem a um caminho. Árvores grandes ao redor... Alguns cavalos lá fora. Estão presos pelas rédeas... a uns mourões assentados na frente da casa.

– Sabe onde é? – perguntei.

Catherine respirou fundo.

– Não vejo o nome – murmurou –, mas o ano deve estar em algum lugar. É o século XVIII, mas eu não... há árvores e flores amarelas. – Ela se distraiu com as flores. – Elas têm um perfume maravilhoso, um cheiro doce, as flores... estranhas, grandes... amarelas, com o miolo preto.
Ela parou. Lembrei-me de um campo de girassóis no Sul da França. Perguntei sobre o clima.
– Bastante temperado, mas não venta. Não é quente nem frio.
Não estávamos fazendo nenhum progresso na identificação do lugar. Levei-a de volta para dentro de casa, longe das fascinantes flores amarelas, e perguntei de quem era o retrato em cima da lareira.
– Não consigo... continuo ouvindo Aaron... seu nome é Aaron.
Perguntei se a casa era dele.
– Não, é do filho. Eu trabalho aqui.
Novamente ela era uma criada. Nunca, nem remotamente, ela se aproximou da condição de uma Cleópatra ou de um Napoleão. Os que duvidam da reencarnação – inclusive eu mesmo, tão cientificamente treinado até os últimos dois meses – chamam a atenção para o fato de as pessoas encarnarem, na maioria das vezes, como celebridades. Agora, eu me via na insólita situação de ter a reencarnação comprovada cientificamente justo em meu consultório no Departamento de Psiquiatria. E muito mais do que a reencarnação estava sendo revelado.
– Minha perna está muito... – continuou Catherine – muito pesada. Dói. Parece até que não está mais ali... Minha perna está machucada. Os cavalos me deram um coice.
Pedi que se descrevesse.
– Tenho cabelos castanhos, encaracolados. Uso um gorro, uma espécie de gorro branco... um vestido azul com um babador por cima... avental. Sou jovem, mas não sou criança. Mas a minha

perna dói. Acabou de acontecer. Dói muito. – Ela sofria demais, visivelmente. – A ferradura... a ferradura. Ele me deu um coice com a ferradura. É um cavalo muito, muito mau.

Sua voz ficou mais suave quando a dor finalmente passou.

– Sinto o cheiro do feno, da forragem no galpão. Há outras pessoas trabalhando no estábulo.

Perguntei sobre as suas tarefas.

– Eu era responsável pelo serviço... pelo serviço na casa principal. Também tinha alguma coisa a ver com a ordenha das vacas.

Eu queria saber mais sobre os proprietários.

– A mulher é gorduchinha, muito malvestida. E tem duas filhas... Não as conheço – acrescentou ela, antes que eu perguntasse se alguma delas já aparecera na vida atual de Catherine.

Indaguei sobre a sua própria família no século XVIII.

– Não sei, não os vejo. Não vejo ninguém comigo.

Perguntei se ela morava ali.

– Eu vivia aqui, sim, mas não na casa principal. Muito pequena... a casa é abastecida para nós. Tem galinhas. Nós recolhemos os ovos. São vermelhos. Minha casa é muito pequena... e branca... um quarto só. Vejo um homem. Eu moro com ele. Tem cabelos muito encaracolados e olhos azuis.

Perguntei se eram casados.

– Não o que eles compreendem como um casamento, não.

Perguntei se ela tinha nascido ali.

– Não, me trouxeram para cá muito pequena.

Seu companheiro não parecia familiar. Dirigi-a até o próximo acontecimento importante naquela vida.

– Vejo uma coisa branca... branca com muitas fitas. Deve ser um chapéu. Uma espécie de gorro, com penas e fitas brancas.

– Quem está usando o chapéu?

– É... – ela me interrompeu. – É a dona da casa, é claro.

Achei que fora meio tolo.

– É o casamento de uma de suas filhas. Todos estavam na comemoração.

Perguntei se havia alguma notícia no jornal sobre o casamento. Se houvesse, eu a faria ler a data.

– Não, não creio que existam jornais por aqui. Não vejo nada. Estava difícil documentar essa vida.

– Você se vê no casamento? – perguntei.

Ela respondeu rápido em voz alta:

– Não estamos no casamento. Só podemos ver as pessoas passando. Os criados não têm permissão.

– O que você está sentindo?

– Ódio.

– Por quê? Eles a tratam mal?

– Porque somos pobres – respondeu ela baixinho – e presos a eles. E temos tão pouco comparado com o que eles têm.

– Você costuma sair da propriedade? Ou fica o tempo todo lá?

– Fico o tempo todo lá – respondeu ela, triste.

Eu podia entender a sua tristeza. Sua vida era difícil e sem esperanças. Levei-a até o dia de sua morte.

– Vejo uma casa. Estou de cama, deitada. Estão me dando alguma coisa para beber, alguma coisa quente. Tem cheiro de hortelã. Meu peito está pesado. É difícil respirar... Sinto dor no peito e nas costas... uma dor muito forte... é difícil falar.

A respiração dela era rápida e curta, sofrida. Depois de uns minutos de agonia, a expressão do rosto se suavizou e o corpo relaxou. A respiração voltou ao normal.

– Deixei o meu corpo. – A voz estava mais alta e rouca. – Vejo uma luz maravilhosa... Há pessoas se aproximando de mim. Elas vêm me ajudar. São maravilhosas. Elas não têm medo... Sinto-me muito leve...

Fez-se uma longa pausa.

– Você tem alguma ideia sobre a vida que acabou de deixar?

– Isso fica para mais tarde. Agora, sinto apenas a paz. É uma hora de consolo. O grupo precisa ser consolado. A alma... a alma encontra a paz aqui. Deixam-se para trás todos os sofrimentos físicos. A alma está tranquila. É um sentimento maravilhoso... maravilhoso, como se o sol estivesse sempre brilhando. A luz é tão forte! Tudo emana de seus raios! A energia vem dessa luz. A nossa alma vai para lá *imediatamente*. É quase uma força magnética que nos atrai. É maravilhoso. É como se fosse uma fonte de energia. Ela pode curar.

– Tem cor?

– Tem muitas cores.

Ela fez uma pausa, descansando nessa luz.

– O que você está sentindo? – perguntei.

– Nada... apenas tranquilidade. Estamos entre amigos. Eles estão todos aqui. Vejo muita gente. Alguns são familiares, outros, não. Mas estamos lá, esperando.

Ela continuava aguardando, enquanto os minutos se passavam. Resolvi acelerar o processo.

– Tenho uma pergunta a fazer.

– A quem? – indagou Catherine.

– Alguém, a você ou aos Mestres – esquivei-me. – Acho que compreender isso vai nos ajudar. A pergunta é: nós escolhemos o momento e a maneira como nascemos e morremos? Podemos escolher a nossa situação? Podemos escolher a hora de morrer novamente? Acho que compreender isto vai diminuir bastante os nossos medos. Existe alguém aí que possa responder?

A sala estava fria. Quando Catherine voltou a falar, sua voz era mais profunda e ressonante. Era uma voz que eu nunca escutara antes. Era a voz de um poeta:

– Sim, nós escolhemos quando vamos entrar no nosso estado físico e quando vamos deixá-lo. Sabemos quando já cumprimos aquilo para o que fomos enviados. Sabemos quando chega a hora e aceitamos a nossa morte. Pois sabemos que nada mais vai ser alcançado nessa vida. Quando se tem tempo, quando se teve tempo para descansar e revigorar a alma, é permitido escolher o retorno ao estado físico. Aqueles que hesitam, que não estão certos de sua volta, podem perder a oportunidade, a chance de realizar o que deve ser feito no estado físico.

Vi logo que não era Catherine quem falava.

– Quem está falando comigo? – implorei. – Quem está falando?

Catherine respondeu no seu sussurro suave e familiar:

– Não sei. É a voz de alguém muito... alguém que controla as coisas, mas não sei quem é. Escuto apenas a sua voz e tento repetir o que ele lhe diz.

Ela também sabia que esse conhecimento não era dela, não vinha do subconsciente nem do inconsciente. Nem mesmo do seu eu superconsciente. Ela, de alguma maneira, escutava e depois me transmitia as palavras e os pensamentos de alguém muito especial, alguém que "controla as coisas". Surgira um outro Mestre, portanto, diferente daquele, ou daqueles, de quem tinham vindo as sábias mensagens anteriores. Esse era um espírito novo, com voz e estilo característicos, poético e sereno. Era um Mestre que falava da morte sem hesitações, mas cuja voz e os pensamentos estavam impregnados de amor. Um amor sincero e real, porém desapaixonado e universal. Era jubiloso mas não sufocante, emocional ou constrangedor. Transmitia uma sensação de desapego amoroso ou de bondade desprendida e era vagamente familiar.

– Não tenho fé nessas pessoas – disse Catherine em um tom mais alto.

– Não tem fé em quem? – perguntei.

– Nos Mestres.

– Não tem fé?

– Não, falta-me a fé. Por isso minha vida tem sido tão difícil. Naquela vida, eu não acreditava.

Ela estava tranquilamente avaliando a sua vida no século XVIII. Perguntei o que ela aprendera então.

– Aprendi a respeito da raiva e da mágoa, dos sentimentos alimentados contra os outros. Tive também que aprender que não tenho controle sobre a minha própria vida. Queria ter, mas não tenho. É preciso acreditar nos Mestres. Eles me guiarão. Mas eu não tive fé. Eu me sentia como se estivesse condenada desde o início. Nunca olhei as coisas com muito prazer. É preciso ter fé... é preciso ter fé. E eu duvido. Escolhi duvidar em vez de acreditar.

Ela parou.

– O que você e eu precisamos fazer para sermos melhores? Nossos caminhos são os mesmos? – perguntei.

Quem respondeu foi o Mestre que na semana anterior falara dos poderes intuitivos e do retorno dos estados comatosos. A voz, o estilo, o tom eram completamente diferentes dos de Catherine e do Mestre poético que acabara de falar:

– O caminho de todos é basicamente o mesmo. Todos nós precisamos aprender certas atitudes enquanto estamos no estado físico. Alguns são mais rápidos em aceitá-las do que outros. Caridade, esperança, fé, amor... todos nós precisamos conhecer bem esses sentimentos. Não é só uma esperança, uma fé e um amor... cada um inclui muitas outras atitudes. Há várias maneiras de demonstrá-las. E, no entanto, penetramos apenas um pouquinho em cada uma delas...

– Quem pertence às ordens religiosas está mais próximo do que qualquer um de nós, porque fez votos de castidade e obediência. Essas pessoas desistiram de muitas coisas, sem pedir nada em troca. Nós continuamos querendo recompensas... recompensas e justificativas para nosso comportamento... quando não existem as recompensas que *nós* queremos. A recompensa vem do fazer sem esperar nada... desinteressadamente – concluiu o Mestre.

– Eu não aprendi isso – acrescentou Catherine, no seu suave murmúrio.

Por um momento fiquei confuso com a palavra "castidade", mas lembrei-me de que a sua raiz significava "puro", referindo-se a um estado bastante diferente da simples abstinência sexual.

– ... Não abusar – continuou ela. – Qualquer coisa feita em excesso... em excesso... Você vai entender. Você *realmente* compreende.

Ela parou de novo.

– Estou tentando – acrescentei. Então decidi voltar a atenção para Catherine. Talvez os Mestres ainda estivessem presentes. – O que posso fazer para ajudar melhor Catherine a superar seus medos e ansiedades? E para aprender suas lições? Esta é a melhor maneira ou devo mudar alguma coisa? Seguir por uma área específica? Como posso ajudá-la melhor?

A resposta veio na voz profunda do Mestre poeta. Debrucei-me na cadeira.

– O que você está fazendo está certo. Mas é por você, e não por ela.

Novamente a mensagem dizia que o benefício era meu, mais do que de Catherine.

– Por mim?

– Sim, o que nós dizemos é para você.

Não apenas ele se referia a Catherine na terceira pessoa como dizia "nós". Havia vários Mestres acompanhando.

– Posso saber os seus nomes? – perguntei, recuando imediatamente, consciente do caráter mundano da minha pergunta. – Preciso de orientação. Tenho muito a aprender.

A resposta foi um poema de amor, um poema sobre a minha vida e a minha morte. A voz era suave e eu senti o desprendimento amoroso de um espírito universal. Ouvi, pasmo.

– Você será orientado quando chegar a hora. Será orientado...

na hora. Quando tiver realizado aquilo para o que foi enviado, então sua vida terá chegado ao fim. Mas não antes disso. Tem muito tempo pela frente... muito tempo.

Eu me sentia ao mesmo tempo ansioso e aliviado. Estava contente por ele não ter sido mais específico. Catherine estava ficando inquieta. Ela falava baixinho.

– Estou caindo, caindo... tentando achar minha vida... caindo.

Ela suspirou e eu também. Os Mestres tinham ido embora. Fiquei pensando nas prodigiosas mensagens, muito personalizadas, vindas de fontes espirituais. As implicações eram esmagadoras. A luz e a vida após a morte; nossa escolha de quando nascer e quando morrer; a orientação infalível dos Mestres; vidas medidas não em anos, mas em lições aprendidas e tarefas realizadas. Caridade, esperança, fé e amor. Fazer sem esperar retorno – essas mensagens eram para mim. Mas qual o objetivo? *Fui enviado para cumprir o quê?*

~

Os comoventes acontecimentos e mensagens que caíam sobre mim no consultório traziam mudanças profundas na minha vida pessoal e familiar. A transformação insinuava-se gradualmente na minha consciência. Por exemplo, eu estava levando meu filho de carro para um jogo de basquete quando ficamos presos num enorme engarrafamento; íamos perder o primeiro e o segundo tempo. Percebi que não estava aborrecido. Não projetava a culpa em nenhum motorista incompetente. Meus músculos do pescoço e dos ombros estavam relaxados. Conversava com meu filho, sem descarregar minha irritação sobre ele. Percebi que estava apenas querendo passar uma tarde agradável com Jordan, assistindo a um jogo que ambos apreciaríamos. O objetivo era passarmos a tarde juntos. Se eu tivesse ficado aborrecido, teria posto tudo a perder.

Eu olhava meus filhos e minha mulher e ficava pensando se já estivéramos juntos antes. Tínhamos escolhido dividir as provações, tragédias e alegrias desta vida? Seríamos eternos? Sentia um amor e um carinho imensos por eles. Percebi que suas falhas e imperfeições eram tão insignificantes que realmente não faziam diferença. O amor, sim, era importante. Flagrei-me até passando por cima das minhas próprias falhas, pelas mesmas razões. Não havia necessidade de tentar ser perfeito e estar no controle o tempo todo. Realmente, não era necessário impressionar ninguém.

Estava contente em poder dividir essa experiência com Carole. Costumávamos conversar depois do jantar, ordenando meus sentimentos e minhas reações sobre Catherine. Carole tem a mente analítica e um vasto conhecimento. Ela sabia como eu desejava continuar a experiência com Catherine de forma científica e cuidadosa, e fazia o papel de advogado do diabo para me ajudar a analisar os dados objetivamente. Quando se avolumaram as provas decisivas de que Catherine estava mesmo revelando grandes verdades, Carole dividiu comigo as minhas apreensões e alegrias.

7

Quando Catherine chegou para a consulta seguinte, uma semana depois, eu estava pronto para tocar a fita com o incrível diálogo da semana anterior. Afinal de contas, ela me proporcionara poesia celestial, além das lembranças de vidas passadas. Contei-lhe que ela relatara experiências de vida após a morte, embora não tivesse nenhuma lembrança do estado intermediário ou espiritual. Ela relutou em ouvir. Sentindo-se muito melhor e mais feliz, não via necessidade de escutar o que eu gravara. Além do mais, era tudo um tanto "sinistro". Insisti. Era maravilhoso, lindo, sublime e viera por meio dela. Eu queria compartilhar isso com ela. Durante alguns minutos, ouviu a sua voz sussurrando no gravador, mas logo em seguida ela me fez desligar. Disse que era estranho demais e que a deixava constrangida. Sem falar nada, me lembrei: "Isso é para você, não para ela."

Fiquei imaginando por quanto tempo ainda durariam essas sessões, porque ela estava melhorando a cada semana. Restavam umas pequenas ondulações no seu lago antes turbulento. Ainda tinha medo de lugares fechados e o relacionamento com Stuart continuava incerto. A não ser por isso, seu progresso era notável.

Há meses não tínhamos uma sessão de psicoterapia tradicional. Não era necessário. Conversávamos rapidamente para colocar em dia os assuntos da semana, depois passávamos logo para a regressão hipnótica. Seja devido às lembranças reais de traumas importantes ou minitraumas cotidianos, seja pelo processo de reviver experiências, Catherine estava praticamente curada. Suas fobias e os ataques de pânico tinham quase desaparecido. Não sentia mais medo da morte ou de morrer. Não temia mais perder o controle. Atualmente os psiquiatras usam altas doses de tranquilizantes e remédios antidepressivos para tratar pessoas com os sintomas de Catherine. Além dos remédios, os pacientes também se submetem a psicoterapia intensiva ou participam de sessões de terapia em grupo. Muitos psiquiatras acreditam que os sintomas iguais aos de Catherine possuem um fundamento biológico e são devidos à insuficiência de uma ou mais substâncias químicas no cérebro.

Enquanto hipnotizava Catherine até o transe profundo, pensei em como era extraordinário que, num período de poucas semanas, sem uso de remédios, da terapia tradicional ou de grupo, ela estivesse quase curada. Não era apenas a eliminação dos sintomas nem significava uma disposição corajosa de suportar uma vida cheia de medos. Era a cura, a ausência de sintomas. E ela estava radiante, serena e feliz, muito além das minhas melhores expectativas.

Ela falava baixinho novamente:

– Estou num prédio, algo com um teto abobadado. O teto é azul e dourado. Há outras pessoas comigo. Vestem... velhos... uma espécie de manto, muito velho e sujo. Não sei como chegamos aqui. Há muitas imagens pela sala. Algumas peças também, algumas peças apoiadas em estruturas de pedra. Há uma imagem grande e dourada numa das extremidades. Parece... Ele é muito grande, tem asas. É muito mau. Está quente, muito quente... Está quente porque a sala é toda fechada. Não podemos chegar perto da aldeia. Tem alguma coisa errada com a gente.

– Vocês estão doentes?

– Sim, estamos todos doentes. Não sei o que temos, mas nossa pele está morrendo. Ela fica muito preta. Sinto muito frio. O ar é seco demais, viciado. Não podemos voltar para a aldeia. Temos que ficar longe dela. Alguns rostos estão deformados. A doença parecia terrível, como a lepra. Se um dia ela teve uma vida glamourosa, ainda não tinha aparecido.

– Quanto tempo vocês precisam ficar ali?

– Para sempre – respondeu ela melancólica –, até morrermos. Não há cura.

– Sabe o nome da doença? Como ela se chama?

– Não. A pele fica muito seca e enrugada. Estou ali há anos. Outros acabaram de chegar. Não há volta. Fomos expulsos... para morrer.

Ela suportava uma existência miserável, vivendo numa caverna.

– Precisamos caçar para comer. Vejo uma espécie de animal selvagem que caçamos... tem chifres. É marrom e tem chifres grandes.

– Alguém visita vocês?

– Não, não podem se aproximar ou padecerão do mesmo mal. Fomos amaldiçoados... por alguma maldade que cometemos. E esse é o nosso castigo.

As areias da sua teologia estavam em constante deslocamento na ampulheta de suas várias vidas. Só após a morte, no estado espiritual, havia uma grata e animadora constância.

– Sabe o ano?

– Perdemos a noção do tempo. Estamos doentes, esperamos apenas morrer.

– Não há esperança?

Eu sentia o desespero contagiante.

– Não há esperança. Vamos todos morrer. E sinto muita dor nas mãos. Todo o meu corpo está fraco. Estou velha. Tenho dificuldade de me mexer.

– O que acontece quando vocês não podem mais se mexer?

– Somos levados para outra caverna e nos deixam ali morrendo.

– O que fazem com os mortos?
– Vedam a entrada da caverna.
– Eles vedam a caverna antes de a pessoa morrer?
Eu procurava uma pista para o medo que ela sentia de lugares fechados.
– Não sei. Nunca estive ali. Estou numa sala com outras pessoas. Está muito quente. Estou deitada, encostada na parede.
– Para que serve a sala?
– Para o culto... vários deuses. Está muito quente.
Fiz com que avançasse no tempo.
– Vejo alguma coisa branca. Vejo alguma coisa branca, uma espécie de dossel. Estão carregando alguém.
– É você?
– Não sei. Eu agradeceria a morte. Meu corpo sofre muito.
Os lábios de Catherine estavam apertados de dor e ela ofegava no calor da caverna. Levei-a até o dia de sua morte. Ainda estava ofegante.
– Está difícil respirar? – perguntei.
– Sim, está muito quente... parece... quente demais, muito escuro. Não consigo ver... e não posso me mexer.
Estava morrendo, paralisada e sozinha, na caverna quente e escura. Já tinham vedado a entrada. Ela estava com medo e aflita. A respiração estava ficando mais rápida e irregular e, misericordiosamente, ela morreu, terminando aquela vida de suplício.
– Sinto-me leve... como se estivesse flutuando. Está muito claro aqui. É maravilhoso!
– Está sofrendo?
– Não!
Ela fez uma pausa, e eu esperei os Mestres. Em vez disso, ela escorregou.
– Estou caindo muito depressa. Estou voltando para um corpo!
Parecia tão surpresa quanto eu.

– Vejo prédios com colunas redondas. São muitos. Estamos do lado de fora. Há árvores... oliveiras. É lindo. Estamos assistindo a alguma coisa... As pessoas estão usando máscaras engraçadas que cobrem seus rostos. É uma festa. Vestem mantos compridos e usam máscara. Fingem ser o que não são. Estão sobre uma plataforma... acima do lugar onde nos sentamos.
– Está assistindo a uma peça?
– Sim.
– Como você é? Olhe para você.
– Tenho cabelos castanhos, presos numa trança.

Ela parou. A descrição de si mesma e a presença das oliveiras me fizeram lembrar da vida grega de Catherine, 1.500 anos antes de Cristo, quando eu fora seu professor Diógenes. Resolvi investigar.

– Sabe a data?
– Não.
– Tem gente conhecida com você?
– Sim, meu marido está sentado ao meu lado. Não o conheço.
– Ela se referia a sua vida atual.
– Vocês têm filhos?
– Vou parir.

Era interessante como ela escolhia as palavras, de certa forma antigas e diferentes do estilo consciente de Catherine.

– Seu pai está lá?
– Não o vejo. Você está em algum lugar... mas não comigo.

Então eu estava certo. Tínhamos voltado 35 séculos atrás.

– O que eu faço lá?
– Está só assistindo, mas você ensina. Ensina... Aprendemos com você... quadrados e círculos, coisas estranhas. Diógenes, você está lá.
– O que mais sabe a meu respeito?
– É velho. Somos parentes, de certa forma... você é irmão da minha mãe.

– Conhece outras pessoas da minha família?
– Sua esposa... e seus filhos. Vocês têm filhos homens. Dois deles são mais velhos que eu. Minha mãe morreu muito jovem.
– Foi seu pai quem a criou?
– Sim, mas estou casada agora.
– Está esperando um filho?
– Sim. Acho que sim. Não quero morrer no parto.
– Isso aconteceu com sua mãe?
– Sim.
– E está com medo de que aconteça o mesmo com você?
– Isso é muito frequente.
– É o seu primeiro filho?
– Sim, e estou com medo. Espero para breve. Estou muito grande. É incômodo para me mexer... Está frio.

Ela se adiantara no tempo. O bebê estava para nascer. Catherine nunca tivera um filho e eu não fizera um só parto nos 14 anos que se seguiram ao meu estágio em obstetrícia na faculdade de Medicina.

– Onde você está? – perguntei.
– Estou deitada sobre alguma coisa de pedra. Está muito frio. Sinto dores... Alguém precisa me ajudar. Alguém *precisa* me ajudar.

Disse-lhe para respirar profundamente, o bebê nasceria sem dores. Ela arquejava e gemia ao mesmo tempo. O parto durou ainda vários minutos de agonia, e a criança nasceu – uma menina.

– Sente-se melhor agora?
– Muito fraca... tanto sangue!
– Sabe como vai chamá-la?–
– Não, estou cansada demais... quero o meu bebê.
– Ele está aqui – improvisei –, uma menininha.
– Sim, meu marido está satisfeito.

Ela estava exausta. Disse-lhe para dormir um pouco e acordar descansada. Passados uns dois minutos, acordei-a.
– Está melhor agora?
– Sim... vejo animais. Estão carregando alguma coisa nas costas. São cestos. Estão cheios... de comida... umas frutas vermelhas...
– É um lugar bonito?
– Sim, com muita comida.
– Sabe o nome do lugar? O que responde quando um estrangeiro pergunta o nome da aldeia?
– Cathenia... Cathenia.
– Parece uma cidade grega – sugeri.
– Não sei. Você sabe? Você saiu da aldeia e voltou. Eu, não.

Era um subterfúgio. Como, naquela vida, eu era seu tio, mais velho e sábio, ela estava me perguntando se eu sabia a resposta para a minha própria pergunta. Infelizmente, eu não tinha acesso àquela informação.
– Você passou a vida inteira na aldeia? – perguntei.
– Sim – sussurrou ela –, mas você viaja, por isso sabe o que ensina. Viaja para aprender, conhecer as terras... as diferentes rotas comerciais... para poder anotá-las e fazer mapas... Você é velho. Vai com os jovens porque entende os mapas. Você é muito sábio.
– Que mapa você quer dizer? Das estrelas?
– Você... você entende os símbolos. Pode ajudá-los a fazer... ajudá-los a fazer os mapas.
– Reconhece outras pessoas da aldeia?
– Não as conheço... mas conheço você.
– Tudo bem. Como é o nosso relacionamento?
– Ótimo. Você é muito bom. Gosto de ficar sentada ao seu lado, é confortante... Você nos ajudou... ajudou minhas irmãs...
– Vai chegar a hora que terei de deixá-la, pois sou velho.
– Não!

Ela não estava preparada para lidar com a minha morte.

– Vejo o pão, chato, muito chato e fino.
– As pessoas estão comendo?
– Sim, meu pai, meu marido e eu. E outros da aldeia.
– Que ocasião é essa?
– É um... festival.
– Seu pai está lá?
– Sim.
– Sua filha está lá?
– Sim, mas não está comigo. Está com minha irmã.
– Olhe bem para a sua irmã – sugeri, procurando o reconhecimento de alguém importante na vida atual de Catherine.
– Sim. Não a conheço.
– Reconhece seu pai?
– Sim... sim... Edward. Há figos... figos e azeitonas... e frutas vermelhas. O pão chato. E mataram umas ovelhas. Estão assando.
Fez uma longa pausa.
– Vejo alguma coisa branca... É uma caixa... quadrada e branca. É onde colocam as pessoas quando elas morrem.
– Alguém morreu, então?
– Sim... meu pai. Não gosto de olhar para ele. Não quero vê-lo.
– Você precisa?
– Sim. Vão levá-lo para ser enterrado. Estou muito triste.
– Sim, eu sei. Quantos filhos você tem?
O repórter dentro de mim não a deixava se lamentar.
– Tenho três, dois meninos e uma menina. – Depois de responder obedientemente, ela voltou para a sua tristeza. – Cobriram o corpo dele com alguma coisa, uma espécie de manta.
Ela parecia muito triste.
– Eu também morri por essa época?
– Não. Estamos comendo uvas, numa tigela.
– Como estou agora?
– Muito, muito velho.

– Já está se sentindo melhor?
– Não! Quando você morrer, ficarei sozinha.
– Sobreviveu aos seus filhos? Eles cuidarão de você.
– Mas você sabe tantas coisas – disse ela, parecendo uma menininha.
– Vai conseguir dar um jeito. Você sabe um bocado, também. Vai estar segura.
Eu a confortava e ela parecia descansar, tranquila.
– Está mais calma? Onde está agora? – perguntei.
– Não sei.
Aparentemente ela passara para o estado espiritual, ainda que não tivesse vivenciado a morte naquela vida. Nessa semana tínhamos visto duas vidas em detalhes consideráveis. Aguardei os Mestres, mas Catherine continuava descansando. Depois de vários minutos de espera, perguntei se ela podia falar com os Espíritos Mestres.
– Não atingi aquele plano – explicou. – Não posso falar enquanto não chegar lá.
Ela não chegou. Depois de esperar muito tempo, despertei-a.

8

Três semanas se passaram antes do nosso próximo encontro. Nas férias, deitado numa praia tropical, tive tempo e distância para refletir sobre tudo que se revelou por meio de Catherine: a regressão hipnótica a vidas passadas, com observações e explicações detalhadas de objetos, processos e fatos dos quais ela não tinha conhecimento acordada, no seu estado normal. A superação dos seus sintomas através das regressões – uma melhora nem remotamente alcançada pela psicoterapia convencional durante os primeiros 18 meses de tratamento. Revelações assustadoramente exatas do pós-morte, do estado espiritual, transmitindo um conhecimento a que ela não tinha acesso. Poesia espiritual e aulas sobre as dimensões após a morte, sobre vida e morte, nascer e renascer, ministradas pelos Espíritos Mestres, que falavam com uma sabedoria e um estilo bem distantes da capacidade de Catherine. Havia realmente muita coisa em que pensar.

Durante anos, eu tratara de centenas, talvez milhares de pacientes psiquiátricos, que refletiam todo o espectro de transtornos emocionais. Em quatro importantes faculdades de medicina, dirigira unidades para pacientes internados. Passara anos em salas de emergência psiquiátrica, em clínicas para pacientes externos e em diversas outras situações, avaliando e tratando esses pacientes. Sabia tudo sobre alucinações visuais e auditivas e delírios esquizofrênicos. Tratara de muita gente com sintomas limítrofes e distúrbios de caráter histérico, inclusive personalidades divididas ou múltiplas. Fora professor de alcoolismo e abuso de drogas, curso instituído pelo National Institute on Drug Abuse (NIDA), e estava bem familiarizado com a gama de efeitos das drogas sobre o cérebro.

Catherine não apresentava nenhum desses sintomas ou síndromes. O que ocorrera não era a manifestação de uma doença psiquiátrica. Ela não era psicótica, desligada da realidade nem jamais tivera alucinações (ver ou ouvir coisas que não existiam) ou delírios (falsas crenças).

Não usava drogas nem apresentava traços sociopatas. Não tinha uma personalidade histérica e não demonstrava tendências dissociativas. Isto é, estava em geral consciente do que fazia e pensava, não funcionava no "piloto automático" nem jamais teve personalidades divididas ou múltiplas. O material que ela fornecia ultrapassava sua capacidade, tanto no estilo como no conteúdo. Alguns elementos eram particularmente mediúnicos, como as referências a fatos específicos do meu próprio passado (por exemplo, o conhecimento sobre meu pai e meu filho) e do seu também. Era um conhecimento a que ela jamais tivera acesso nem acumulara na sua vida atual. Esse conhecimento, assim como toda a experiência, era estranho à sua cultura e educação e contrário a muitas de suas crenças.

Catherine era uma pessoa relativamente simples e honesta. Não era uma intelectual e não poderia ter inventado os fatos, detalhes, acontecimentos históricos, descrições e a poesia que passava através dela. Como psiquiatra, um cientista, eu estava certo de que o material se originava de alguma parte de seu inconsciente. Era real, sem dúvida. Ainda que ela tivesse a perícia de uma atriz, não poderia ter recriado esses acontecimentos. Era tudo muito exato e específico, acima da sua capacidade.

Avaliei o propósito terapêutico da exploração das vidas passadas de Catherine. Uma vez tendo penetrado casualmente nesse novo domínio, sua melhora se tornou impressionantemente rápida, sem ajuda de qualquer remédio. Há nesse campo algum poder curativo muito forte, um poder que parece muito mais eficiente do que a terapia convencional ou a medicina moderna. Ele inclui não só a lembrança e o reviver de acontecimentos traumáticos importantes como também as afrontas diárias ao corpo, à mente e ao ego. Com minhas perguntas, enquanto vasculhávamos as vidas, eu procurava os modelos dessas agressões, tais como o abuso físico e emocional crônico, a pobreza e a fome, doenças e deficiências, preconceitos e perseguições constantes, fracassos repetidos e tudo mais. Fiquei atento também às tragédias mais intensas, como a experiência de uma morte traumática, estupro, catástrofe em massa ou qualquer outro acontecimento terrível que pudesse deixar para sempre a sua marca. A técnica era semelhante à da recapitulação da infância na terapia convencional, exceto pelo fato de o espaço de tempo ser de milhares de anos, e não dos usuais 10 ou 15. Portanto, as minhas perguntas eram mais diretas e orientadoras do que na terapia convencional. Contudo, o sucesso da nossa exploração heterodoxa foi inquestionável. Ela (e outros que mais tarde eu trataria com a regressão hipnótica) estava sendo curada com extrema rapidez.

Mas haveria outra explicação para Catherine se lembrar de suas vidas passadas? As lembranças poderiam ser transmitidas pelos genes? Essa possibilidade é cientificamente remota. A memória genética requer uma passagem ininterrupta do material genético de geração a geração. Catherine vivera pelo mundo inteiro e a sua linha genética fora interrompida repetidamente. Ela morrera numa enchente com sua filha, ou fora estéril, ou falecera ainda jovem. Seu reservatório genético terminava e não era mais transmitido. E o que dizer de sua sobrevivência após a morte e o estado intermediário? Não havia um corpo e, certamente, nenhum material genético, e, no entanto, a lembrança continuava. Não, a explicação genética podia ser descartada.

E a ideia de Jung sobre o inconsciente coletivo, um reservatório de todas as memórias e experiências humanas que poderiam, de algum modo, ser interceptadas? Culturas divergentes muitas vezes contêm símbolos semelhantes, mesmo nos sonhos. Segundo Jung, o inconsciente coletivo não é adquirido individualmente, mas herdado de alguma forma dentro da estrutura mental. Ele inclui os motivos e as imagens que ressurgem em todas as culturas, sem um fundamento na tradição ou disseminação histórica. Achei que as lembranças de Catherine eram muito específicas para serem explicadas pelo conceito de Jung. Elas não revelavam símbolos, imagens ou motivos universais. Eram descrições detalhadas de pessoas e lugares específicos. As ideias de Jung pareciam vagas demais. E era preciso ainda considerar o estado intermediário. Levando-se tudo isso em conta, o que fazia mais sentido era a reencarnação.

O conhecimento de Catherine não só era minucioso e específico como estava além da sua capacidade consciente. Ela sabia de coisas que não poderiam ter sido captadas num livro e depois, temporariamente, esquecidas. Era um conhecimento que não poderia ter sido adquirido na infância e depois igualmente suprimido da consciência ou reprimido. E os Mestres e suas mensagens? Vinham através de Catherine, mas não eram dela. E a sabedoria deles também se refletia nas lembranças das suas vidas passadas. Eu sabia que as informações e mensagens eram verdadeiras. Não só pelos muitos anos de cuidadoso estudo das pessoas, da mente, do cérebro e da personalidade delas, mas também intuitivamente, antes mesmo da visita de meu pai e meu filho. Meu cérebro, com seus anos de atento treinamento científico, sabia disso, assim como a minha intuição.

– Vejo potes cheios de uma espécie de óleo.

Apesar do hiato de três semanas, Catherine entrara rapidamente num transe profundo. Estava de novo num outro corpo, numa outra época.

– Há óleos diferentes dentro dos potes. Parece ser um armazém ou algum lugar onde se guardam coisas. Os potes são vermelhos... vermelhos, feitos de uma terra vermelha. Têm faixas azuis ao redor, ao redor da parte superior. Vejo homens... há homens na caverna. Estão mudando os jarros e potes de lugar, empilhando-os e colocando-os numa determinada área. Eles têm a cabeça raspada... não têm cabelos. A pele é marrom...

– Você está lá?

– Sim... Estou vedando alguns jarros... com cera... vedando a boca dos jarros com cera.

– Sabe para que usam esses óleos?

– Não.

– Você se vê? Olhe para você. Diga-me como é.

Ela parou, como se estivesse se observando.

– Uso uma trança. Meus cabelos estão trançados. Visto uma espécie de roupa fina... de algodão fino. Tem um arremate dourado.

– Trabalha para esses sacerdotes, ou homens, de cabeça raspada?

– O meu trabalho é vedar os jarros com cera. Esse é o meu trabalho.

– Mas não sabe para que são usados?

– Parece que para algum ritual religioso. Mas não tenho certeza... do que é. É uma unção, alguma coisa sobre a cabeça... na cabeça e nas mãos... nas mãos. Vejo um pássaro dourado no meu pescoço. É liso. Tem uma cauda lisa, muito lisa e a cabeça aponta para baixo... para os meus pés.

– Para os seus pés?

– Sim, é assim que deve ser usado. Há uma substância preta... preta e grudenta. Não sei o que é.
– Onde está?
– Num recipiente de mármore. Eles usam isto também, mas não sei para quê.
– Existe alguma coisa na caverna que você possa ler e me dizer o nome do país, do lugar, onde vive, ou a data?
– Não há nada nas paredes, estão vazias. Não sei o nome. Avancei-a no tempo.
– Há um jarro branco, uma espécie de jarro branco. A alça na parte de cima é dourada, tem uma incrustação dourada.
– O que há dentro?
– Um óleo sagrado. Tem algo a ver com a passagem para o outro mundo.
– É você quem vai passar agora?
– Não! Não é ninguém que eu conheça.
– É seu trabalho, também, preparar as pessoas para essa passagem?
– Não. O sacerdote deve fazer isso, não eu. Nós só suprimos os óleos, o incenso...
– Qual a idade que aparenta ter agora?
– Dezesseis.
– Mora com seus pais?
– Sim, numa casa de pedra, uma espécie de moradia de pedra. Não é muito grande. É bastante quente e seca. O clima é muito quente.
– Vá até sua casa.
– Estou nela.
– Vê outras pessoas de sua família?
– Vejo um irmão, e minha mãe e um bebê estão lá, o bebê de alguém.
– É seu?

– Não.
– O que é importante agora? Vá até alguma coisa importante que explique seus sintomas na vida atual. Precisamos compreender. Não há perigo na experiência. Vá até os acontecimentos.
– Cada coisa de uma vez... Vejo pessoas morrendo – respondeu ela num sussurro.
– Pessoas morrendo?
– Sim... eles não sabem o que é.
– Uma doença?

De repente achei que ela estava novamente em contato com uma vida antiga que já havíamos examinado. Nela, uma peste provocada pela água matara o pai e um dos irmãos de Catherine, que também contraiu a doença, mas não morreu. Alho e outras ervas eram usados como proteção. Ela ficara preocupada porque os mortos não estavam sendo adequadamente embalsamados. Agora nos aproximávamos daquela vida por um outro ângulo.

– Tem alguma coisa a ver com a água? – perguntei.
– Eles acreditam que sim. Está morrendo muita gente. – Eu já sabia o fim.
– Mas você não morre disso, não?
– Não, não morro.
– Mas fica doente. Adoece.
– Sim, sinto muito frio... muito frio. Quero água... água. Acham que isso vem da água... é alguma coisa escura... Alguém morre.
– Quem?
– Meu pai e um dos meus irmãos. Minha mãe está bem, ela se recupera. Está muito fraca. É preciso enterrar os mortos. É preciso enterrá-los, mas as pessoas estão preocupadas porque é contra as práticas religiosas.
– Quais são elas?

Estava maravilhado com a coerência das suas lembranças, fato por fato, exatamente como contara vários meses antes. Mais

uma vez o desvio dos costumes funerários normais a deixava preocupadíssima.
– Colocam as pessoas em cavernas. Os corpos são mantidos lá. Mas, antes, são preparados pelos sacerdotes. Deve-se embrulhá--las e ungi-las. Ficavam nas cavernas, mas agora há uma enchente... Dizem que a água é ruim. Não beba a água.
– Há uma maneira de tratá-la? Alguma coisa funcionou?
– Eles nos dão ervas, ervas diferentes. Os cheiros... as ervas e... sinto o cheiro. Posso sentir o cheiro!
– Reconhece?
– É branco. Está dependurado no teto.
– Parece alho?
– Está dependurado por toda parte... as propriedades são semelhantes, sim. Suas propriedades... coloca-se na boca, nas orelhas, no nariz, em todos os lugares. O cheiro é forte. Acredita-se que impeça os maus espíritos de entrarem no corpo. Púrpura... frutas ou alguma coisa redonda coberta de roxo, com casca roxa...
– Reconhece a cultura? É familiar?
– Não sei.
– O roxo é alguma fruta?
– Tânis.
– Vai ajudá-la? É para a doença?
– Era, na época.
– Tânis – repeti, tentando novamente ver se ela falava sobre o que chamamos de tanino ou ácido tânico. – É assim que chamam? Tânis?
– Eu... eu só ouço "tânis".
– O que dessa vida ficou sepultado em sua vida atual? Por que continua voltando? O que é tão incômodo?
– A religião – respondeu Catherine rápido –, a religião da época. Era uma religião de medo... medo. Havia tantas coisas a temer... e tantos deuses.

– Lembra-se dos nomes?
– Vejo olhos. Vejo um preto... uma espécie de... parece um chacal. Está numa estátua. É um tipo de guardião... Vejo uma mulher, uma deusa, com um elmo.
– Sabe o nome dela, da deusa?
– Osíris... Siro... alguma coisa assim. Vejo um olho... olho, só um olho, um olho numa corrente. É de ouro.
– Um olho?
– Sim... Quem é Hátor?
– O quê?
– Hátor! Quem é?

Nunca ouvira falar de Hátor, embora soubesse que Osíris, se a pronúncia estava correta, era o marido e irmão de Ísis, uma importante divindade egípcia. Hátor, aprendi mais tarde, era a deusa egípcia do amor, da alegria e da felicidade.

– É um dos deuses? – perguntei.
– Hátor! Hátor.

Fez-se uma longa pausa.

– Pássaro... é liso... liso, uma fênix...

Ela se calou novamente.

– Siga em frente até o seu último dia nesta vida – instruí. – Vá até lá, mas, antes de morrer, diga-me o que vê.
– Vejo pessoas e prédios. Vejo sandálias, sandálias. Há um pano áspero, uma espécie de pano áspero – respondeu ela num sussurro.
– O que ocorre? Vá até o momento de sua morte agora. O que está acontecendo com você? Você pode ver.
– Não vejo... não *me* vejo mais.
– Onde está? O que vê?
– Nada... só escuridão... uma luz, uma luz cálida.

Ela já havia morrido, passado para o estado espiritual. Aparentemente não precisou experimentar de novo a morte.

– Pode se aproximar da luz? – perguntei.
– Estou indo.
Descansava tranquila, aguardando de novo.
– Pode recordar agora as lições daquela vida? Ainda tem consciência delas?
– Não – murmurou. Continuava esperando.
De repente pareceu alerta, embora ainda de olhos fechados, como sempre ficavam durante os transes hipnóticos. A cabeça girava de um lado para o outro.
– O que vê? O que está acontecendo?
– Acho... alguém está falando comigo!
Sua voz estava mais alta.
– O que dizem?
– Falam de paciência. É preciso ter paciência...
– Sim, continue.
A resposta veio do Mestre poeta:
– Paciência e senso de oportunidade... tudo vem na sua hora. Não se pode apressar a vida, ela não funciona em horários fixos, como tanta gente quer que seja. É preciso aceitar o que nos chega no momento, sem pedir mais. Porém a vida é eterna, por isso não morremos. Na verdade, nunca nascemos. Só passamos por fases diferentes. Não há fim. O ser humano tem várias dimensões. Mas o tempo não é como o vemos, e sim medido por lições que devemos aprender.
Houve uma longa pausa. O Mestre poeta prosseguiu:
– Tudo se esclarecerá no momento certo. Você precisa digerir o conhecimento que já lhe passamos.
Catherine se calou.
– Há mais coisas que preciso aprender? – perguntei.
– Eles se foram – murmurou ela de mansinho referindo-se aos Mestres. – Não escuto ninguém.

9

Todas as semanas arrancávamos mais uma camada dos medos neuróticos e ansiedades de Catherine. A cada semana ela parecia um pouco mais serena, flexível e paciente. Estava mais confiante e as pessoas se aproximavam dela. Sentia-se mais amorosa e era retribuída por isso. O diamante oculto de sua verdadeira personalidade cintilava aos olhos de todos.

As regressões vasculharam milênios. Cada vez que entrava em transe, eu não sabia onde iriam emergir os fios de suas vidas. Das cavernas pré-históricas, do antigo Egito aos tempos modernos – ela estivera lá. E em todas elas supervisionada carinhosamente, de algum lugar fora do tempo, pelos Mestres. Na sessão de hoje ela surgiu no século XX, mas não como Catherine.

– Vejo uma fuselagem e uma pista de pouso, uma espécie de pista de pouso – murmurou baixinho.

– Sabe onde é?

– Não posso ver... – E então falou, mais decidida: – Alsácia.

– Na França?

– Não sei, só Alsácia... vejo o nome Von Marks... Von Marks. Algum tipo de capacete marrom ou chapéu... um chapéu com óculos de proteção. A tropa foi destruída. Parece ser uma área muito afastada. Acho que não há cidades por perto.

– O que vê?

– Prédios destruídos. Vejo prédios... A terra está esburacada pelos bombardeios. Há uma área muito bem escondida.

– O que está fazendo?
– Ajudo os feridos. Estão levando embora os feridos.
– Olhe para você. Descreva-se. Olhe para baixo e veja o que está vestindo.
– Uma espécie de jaqueta. Tenho cabelos louros. Olhos azuis. A jaqueta está muito suja. Tem muita gente ferida.
– Foi treinada para cuidar dos feridos?
– Não.
– Mora lá ou foi levada? Onde mora?
– Não sei.
– Qual a sua idade?
– Trinta e cinco.

Catherine tinha 29 anos, olhos cor de mel e não azuis. Continuei perguntando:

– Tem um nome? O que está escrito na jaqueta?
– Tem asas na jaqueta. Sou piloto... um piloto.
– Pilota aviões?
– Sim, tenho que pilotar. Estou em serviço. É o meu trabalho.
– Lança bombas também?
– Temos um artilheiro no avião. Há um navegador.
– Que tipo de avião pilota?
– É um tipo de asa fixa. Tem quatro hélices. É um de asa fixa.

Eu estava achando divertido, pois Catherine não sabia nada de aviões. Fiquei pensando no que ela entendia por asa fixa. Mas, tal como a forma de fazer manteiga ou de embalsamar os mortos, sob hipnose ela possuía um arsenal enorme de conhecimentos. Só uma fração, entretanto, estava ao dispor da sua consciência de todos os dias. Pressionei:

– Tem família?
– Não estão comigo.
– Estão seguros?

– Não sei. Tenho medo... medo de que voltem. Meus amigos estão morrendo.
– Quem você tem medo que volte?
– O inimigo.
– Quem são?
– Os ingleses... as Forças Armadas americanas... os ingleses.
– Sim. Lembra-se da sua família?
– Lembrar dela? Está tudo tão confuso.
– Vamos para trás nesta mesma vida, para uma época mais feliz, antes da guerra, com a sua família em casa. Você pode ver isso. Sei que é difícil, mas quero que relaxe. Tente lembrar.

Catherine parou, depois murmurou:
– Ouço o nome Eric... Eric. Vejo uma criança loura, uma menina.
– É sua filha?
– Sim, deve ser... Margot.
– Está perto de você?
– Está comigo. Estamos num piquenique. O dia está lindo.
– Há mais alguém além de Margot?
– Vejo uma mulher com cabelos castanhos sentada na grama.
– É sua mulher?
– Sim... não a conheço – acrescentou, referindo-se ao reconhecimento de alguém em sua vida atual.
– Conhece Margot? Olhe bem para ela. Conhece?
– Sim, mas não tenho certeza de onde... eu a conheço de algum lugar.
– Vai se lembrar. Olhe nos seus olhos.
– É Judy – respondeu. Atualmente, a sua melhor amiga. Houve uma comunicação instantânea entre as duas, desde o primeiro encontro, e tinham ficado muito amigas, numa implícita confiança mútua, cada uma sabendo o que a outra queria e pensava, antes de verbalizar.
– Judy – repeti.

– Sim, Judy. Parece ela... sorri como ela.
– Sim, que bom. Está feliz em casa ou tem problemas?
– Sem problemas – respondeu e fez uma longa pausa. – Sim, é uma época de inquietações – continuou. – Há um problema profundo no governo alemão, a estrutura política. Muita gente querendo caminhar em direções diferentes. Isso vai acabar nos dividindo... Mas preciso lutar pelo meu país.
– Tem um sentimento forte por ele?
– Não gosto da guerra. Acho errado matar, mas devo cumprir com o meu dever.
– Volte agora para onde estava, ao avião pousado, aos bombardeios, à guerra. É mais tarde, a guerra começou. Os ingleses e os americanos lançam bombas perto de você. Volte. Vê o avião novamente?
– Sim.
– Ainda tem os mesmos sentimentos sobre dever, matar e guerra?
– Morreremos por nada.
– O quê?
– Morreremos por nada – repetiu ela, murmurando mais alto.
– Nada? Por que nada? Não há nenhuma glória nisso? A defesa de sua pátria ou das pessoas que ama?
– Morreremos defendendo as ideias de umas poucas pessoas.
– Mesmo sendo os líderes do seu país? Podem estar errados?
Ela rapidamente me interrompeu:
– Não são líderes. Se fossem, não haveria tantas lutas internas... no governo.
– Algumas pessoas dizem que são loucos. Faz sentido para você? Loucos de poder?
– Devemos estar todos loucos para nos deixarmos levar por eles, por permitir que nos levem... a matar gente. E a nos matar...
– Ainda tem alguns amigos?

– Sim, alguns ainda estão vivos.
– Há algum a quem seja particularmente ligado? Na sua tripulação? O artilheiro e o navegador ainda estão vivos?
– Não os vejo, mas o meu avião não foi destruído.
– Vai voar novamente?
– Sim, precisamos nos apressar para tirar o restante dos aviões da pista... antes que voltem.
– Entre no seu avião.
– Não quero.

Era como se ela pudesse negociar comigo.

– Mas é preciso, para poder levantar voo.
– Não faz sentido...
– Que tipo de profissão exercia antes da guerra? Lembra-se? O que Eric fazia?
– Era o copiloto... num pequeno avião, um avião de carga.
– Então era piloto também?
– Sim.
– Isso fazia com que ficasse bastante tempo longe de casa?
– Sim – respondeu devagar, pensativa.
– Vá mais para diante, até o próximo voo. Pode fazer isso?
– Não há próximo voo.
– Acontece alguma coisa com você?
– Sim.

Sua respiração se acelerava e estava ficando agitada. Adiantara-se até o dia de sua morte.

– O que está acontecendo?
– Estou fugindo do fogo. Meu destacamento está se dispersando por causa do fogo.
– Você sobrevive?
– Ninguém sobrevive... ninguém sobrevive a uma guerra. Estou morrendo!

A respiração estava pesada.

– Sangue! Sangue por toda parte! Sinto dor no peito. Fui atingido no peito... e na perna... e no pescoço. A dor é tanta...
Estava agonizando, mas logo a respiração ficou mais lenta e regular, os músculos faciais relaxaram e uma aparência de tranquilidade tomou conta dela. Reconheci a calma do estado de transição.
– Parece mais aliviada. Acabou?
Ela ficou calada, depois respondeu com voz suave:
– Estou flutuando... longe do meu corpo. Não tenho corpo. Sou espírito novamente.
– Bom. Teve uma vida difícil. Passou por uma morte difícil. Precisa descansar. Recuperar-se. O que aprendeu naquela vida?
– Aprendi sobre o ódio... a matança insensata... o ódio mal orientado... pessoas que odeiam e não sabem por quê. Somos levados a isso... pelo mal, quando estamos no estado físico...
– Existe um dever maior do que os deveres para com o país? Algo que poderia tê-la impedido de matar? Mesmo sob ordens? Um dever para consigo mesma?
– Sim...
Ela não continuou.
– Está esperando alguma coisa?
– Sim... espero entrar num estado de renovação. Preciso esperar. Eles vêm me buscar... eles vêm...
– Bom. Gostaria de falar com eles quando chegarem.
Aguardamos vários minutos mais. Então, abruptamente, sua voz era alta e rouca, e o Espírito Mestre original, não o poeta, falava:
– Você está certo, admitindo que este seja o tratamento adequado para os que estão no estado físico. É preciso erradicar os medos da mente deles. É uma perda de energia quando existe o medo. Impede que realizem aquilo para o que foram enviados. Siga o conselho do seu meio. Eles devem ser colocados primeiro num nível muito, muito profundo... onde não possam mais sen-

tir o corpo. Nesse ponto os alcançará. Os problemas estão apenas na superfície. É no fundo da alma, onde se criam as ideias, que deve atingi-los.
"Energia... tudo é energia. Desperdiça-se tanto. As montanhas... dentro das montanhas é tranquilo, é calmo no centro. Mas é do lado de fora que estão os problemas. Os seres humanos veem apenas o exterior, mas você pode ir mais profundamente. Precisa ver o vulcão. Para isso, precisa ir bem fundo. "O estado físico é anormal. O natural é o estado espiritual. Quando somos mandados de volta, é como se retornássemos para algo que não conhecemos. Levamos mais tempo. No mundo espiritual é preciso esperar para então sermos renovados. Há um estado de renovação. É uma dimensão como as outras, e você quase conseguiu atingir esse estado..."
Fui apanhado de surpresa. Como poderia estar me aproximando do estado de renovação?
– Quase cheguei lá? – perguntei, incrédulo.
– Sim. Você sabe muito mais que os outros. Compreende muito mais. Seja paciente com eles. Não possuem o seu conhecimento. Os Espíritos serão enviados para ajudá-lo. Mas está certo no que está fazendo... continue. Essa energia não deve ser desperdiçada. Deve livrar-se do medo. Será sua maior arma...
O Espírito Mestre silenciou. Procurei avaliar o significado dessa incrível mensagem. Sabia que estava tendo êxito na eliminação dos medos de Catherine, mas a mensagem tinha um significado mais amplo. Ia além da confirmação da eficácia da hipnose como ferramenta terapêutica. Implicava muito mais do que regressões a vidas passadas, o que seria de difícil aplicação a cada membro da população em geral. Preferi acreditar que se referia ao medo da morte, que é o medo presente no fundo do vulcão. O medo da morte, aquele medo tão oculto e constante que não há dinheiro ou poder capaz de neutralizar – este é o cerne da questão. Mas,

se as pessoas soubessem que "a vida é eterna, por isso não morremos e nunca nascemos de fato", esse medo deixaria de existir. Se soubessem que viveram inúmeras vezes e tornarão a viver outras tantas, iriam sentir-se tranquilas. Se soubessem que os espíritos estão por perto para ajudá-las enquanto estão no estado físico e que, depois da morte, no estado espiritual, elas se juntarão a esses espíritos e aos seus mortos queridos, ficariam muito confortadas. Se soubessem que os "anjos da guarda" *realmente* existem, se sentiriam mais seguras; e que os atos de violência e as injustiças contra as pessoas não passam despercebidos, mas terão de ser pagos concretamente numa outra vida, guardariam muito menos ódio e desejo de vingança. E, se é verdade que "pelo conhecimento nos aproximamos de Deus", de que servem os bens materiais, quando representam um fim em si mesmos e não um meio para essa aproximação? De nada vale a ganância ou a avidez pelo poder.

Mas como levar esse conhecimento às pessoas? A maioria recita suas orações nas igrejas, nas sinagogas, nas mesquitas ou nos templos, proclamando a imortalidade da alma. No entanto, depois da prece, voltam às suas rotinas competitivas, praticando a cobiça, a manipulação e o egoísmo. Essas atitudes retardam o progresso da alma. Assim, se a fé não basta, talvez a ciência possa ajudar. Talvez experiências como as de Catherine e a minha precisem ser estudadas, analisadas e relatadas de forma imparcial e científica por especialistas nas ciências comportamentais e físicas. Contudo, naquela época, a ideia de escrever um ensaio científico ou um livro era uma possibilidade remota e absolutamente improvável, que não me passava pela cabeça. Eu pensava nos espíritos que seriam enviados de volta para me ajudar. A fazer o quê?

Catherine se mexeu e começou a sussurrar:

– Alguém chamado Gideon, alguém chamado Gideon... Gideon. Está tentando falar comigo.

– O que diz?

– Está por toda parte. Não para. É uma espécie de guardião... alguma coisa. Mas está brincando comigo.
– É um de seus guardiães?
– Sim, está brincando... pula por toda parte. Acho que quer que eu saiba que está à minha volta... por toda parte.
– Gideon – repeti.
– Está lá.
– Faz você se sentir mais segura?
– Sim. Vai voltar quando eu precisar dele.
– Bom. Há espíritos à nossa volta?
Ela respondeu num sussurro, a partir de sua mente superconsciente:
– Sim... muitos espíritos. Só vêm quando querem. Vêm... quando querem. Somos todos espíritos. Mas outros... alguns estão no estado físico e outros num período de renovação. E outros são guardiães. Mas todos nós vamos lá. Fomos guardiães também.
– Por que voltamos para aprender? Por que não aprender como espíritos?
– São níveis diferentes de aprendizado, e é preciso sofrer na carne para atingir alguns deles. Precisamos sentir a dor. Como espíritos, não sentimos dor. É um período de renovação. A alma está sendo renovada. Quando estamos no estado físico carnal, podemos sentir dor, podemos ser feridos. No estado espiritual, não. Só existe felicidade, uma sensação de bem-estar. Mas é um período de renovação para... nós. A interação entre as pessoas na forma espiritual é diferente. No estado físico... vivenciamos relacionamentos.
– Compreendo. Está bem.
Ela ficou em silêncio de novo. Minutos se passaram.
– Vejo uma carroça, uma carroça azul.
– De criança?
– Não, você pode andar nela... Alguma coisa azul! Uma franja no topo, azul por fora...

– Puxada por cavalos?
– Tem rodas grandes. Não vejo ninguém nela, só dois cavalos atrelados... um cinza e um castanho. O nome do cavalo é Maçã, o cinza, porque gosta de maçãs. O outro se chama Duque. São muito bonzinhos. Não mordem. Têm patas grandes... patas grandes.
– Há um cavalo malvado também? Diferente?
– Não, são muito bonzinhos.
– Você está lá?
– Sim. Vejo o focinho dele. Ele é muito maior do que eu.
– Você guia a carroça?

Pela natureza das respostas, eu sabia que era uma criança.
– Tem cavalos. E um menino, também.
– Quantos anos você tem?
– Poucos. Não sei. Acho que não sei contar.
– Conhece o menino? É seu amigo? Seu irmão?
– É um vizinho. Está lá para... uma festa. Está havendo um... casamento ou alguma outra coisa.
– Sabe quem está se casando?
– Não. Disseram para não nos sujarmos. Tenho cabelos castanhos... sapatos abotoados do lado até em cima.
– São suas roupas de festa? Roupas boas?
– É branco... uma espécie de vestido branco com uma... uma coisa franzida por cima e amarrada atrás.
– Sua casa é perto?
– É uma casa grande – respondeu a criança.
– É onde você mora?
– Sim.
– Bom. Pode olhar dentro da casa agora, está tudo bem. É um dia importante. Outras pessoas também vão estar bem-vestidas, com roupas especiais.
– Estão cozinhando, muita comida.
– Sente o cheiro da comida?

– Sim. Fazem um tipo de pão. Pão... carne... Mandaram a gente sair de novo.
Eu me diverti com isso. Disse-lhe para entrar novamente e mais uma vez a mandaram sair.
– Dizem o seu nome?
– Mandy... Mandy e Edward.
– É o menino?
– Sim.
– Não deixam vocês ficarem dentro de casa?
– Não, estão muito ocupados.
– Como se sente?
– Não nos importamos. Mas é difícil não se sujar. Não podemos fazer nada.
– Vão ao casamento? Mais tarde?
– Sim... vejo muita gente. A sala está cheia. Está quente, é um dia quente. Tem um vigário lá... com um chapéu engraçado, grande... preto. Cobre o rosto dele... bastante.
– É uma época feliz para sua família?
– Sim.
– Sabe quem está se casando?
– É minha irmã.
– Muito mais velha?
– Sim.
– Pode vê-la agora? Está vestida de noiva?
– Sim.
– Está bonita?
– Sim. Tem muitas flores nos cabelos.
– Olhe bem para ela. Conhece-a de outras épocas? Olhe para seus olhos, sua boca...
– Sim. Acho que é Becky... porém menor, muito menor.

Becky era amiga e colaboradora de Catherine. Eram muito chegadas, mas Catherine se ressentia da atitude crítica e intrusiva da companheira na sua vida e em suas decisões. Afinal de contas, era uma amiga e não uma pessoa da família. Talvez agora essa distinção não fosse tão clara.

– Ela... gosta de mim... e posso ficar na frente da casa porque ela está lá.
– Bom. Olhe à sua volta. Seus pais estão lá?
– Sim.
– Gostam muito de você também?
– Sim.
– Isso é bom. Olhe bem para eles. Primeiro para sua mãe. Veja se lembra dela. Olhe seu rosto.
Catherine respirou fundo várias vezes.
– Não a conheço.
– Olhe seu pai. Bem de perto. Veja a sua expressão, os olhos... a boca também. Você o conhece?
– É Stuart – respondeu rápido.
E Stuart surgia novamente. Valia a pena explorar mais.
– Como é o seu relacionamento com ele?
– Gosto muito dele... é muito bom comigo. Mas ele acha que eu atrapalho. Acha que as crianças são inconvenientes.
– É muito sério?
– Não, gosta de brincar conosco. Mas fazemos perguntas demais.
– Isso às vezes o perturba?
– Sim, temos que aprender com o professor e não com ele. Por isso vamos à escola... para aprender.
– Parece ele falando. Diz isso para você?
– Sim, ele tem coisas mais importantes para fazer. Precisa tomar conta da fazenda.
– É uma fazenda grande?
– Sim.
– Sabe onde é?

– Não.
– Mencionam alguma vez o nome da cidade ou do estado? Ela parou, escutando, atenta.
– Não ouço.
Ficou em silêncio de novo.
– Tudo bem, quer explorar mais essa vida? Ir mais adiante no tempo ou está...
– Basta – ela me cortou.

~

Durante todo esse processo com Catherine, relutei em discutir suas revelações com outros profissionais. Na verdade, a não ser com Carole e outros poucos que considerava "seguros", não dividi essas notáveis informações com mais ninguém. Sabia que o conhecimento proveniente das nossas sessões era verdadeiro e extremamente importante, mas a ansiedade diante das reações de meus colegas cientistas e médicos me fazia ficar calado. Preocupava-me ainda com minha reputação, minha carreira e com o que os outros poderiam pensar de mim.

Meu próprio ceticismo se desgastara com as provas que, semana após semana, fluíam de seus lábios. Ouvia várias vezes as fitas, revivendo as sessões, com todos os seus dramas. Mas os outros teriam que confiar na minha experiência, que, apesar de poderosa, não era a deles. Senti-me compelido a reunir mais dados.

À medida que fui aceitando e acreditando nas mensagens, minha vida se tornou mais simples e satisfatória. Não havia necessidade de fingir ou representar papéis, ou ser diferente do que eu era. Os relacionamentos se tornaram mais honestos e diretos. A vida familiar estava menos confusa e mais relaxada. A relutância em dividir a sabedoria que eu recebera através de Catherine começou a diminuir. Surpreendentemente, a maioria das pessoas se interessou muito, querendo saber mais. Várias me relataram suas próprias experiências de fatos parapsicológicos, quer fossem percepção extrassensorial, *déjà-vu*, vivências fora do corpo, sonhos de vidas passadas ou outras. Muitas pessoas não tinham sequer falado ao marido ou à esposa sobre tais experiências. Quase todas temiam que, se falassem, os outros, até mesmo a família e os terapeutas, as achariam estranhas. Contudo, esses acontecimentos parapsicológicos são bastante comuns, muito mais frequentes do que se pensa. É só a relutância em contar essas ocorrências mediúnicas que as faz parecerem tão raras. E quanto mais instruída a pessoa, maior a relutância em compartilhar esses fatos.

O respeitado diretor de um importante departamento clínico no hospital onde trabalho é um homem admirado internacionalmente por sua capacidade. Ele fala com o pai falecido, que várias vezes o protegeu de sérios perigos. Outro professor tem sonhos que lhe fornecem as pistas ou soluções para suas complexas pesquisas. Invariavelmente, estão corretas. Outro conhecido médico quase sempre sabe quem o chama ao telefone, antes de atender. A esposa do chefe da Psiquiatria de uma universidade do Meio-Oeste tem o título de Ph.D. em psicologia. Seus projetos de pesquisa são sempre cuidadosamente planejados e executados. Ela nunca disse a ninguém que, na primeira vez que visitou Roma, andou pela cidade como se tivesse um mapa impresso na memória. Sabia infalivelmente o que encontraria ao dobrar cada esquina. Embora nunca tivesse estado antes na Itália e não soubesse a língua, os italianos repetidamente se dirigiam a ela em italiano, confundindo-a com uma nativa. Sua mente lutava para integrar as experiências em Roma.

Eu compreendia por que esses profissionais altamente qualificados se mantinham de boca fechada. Eu era um deles. Não podíamos negar nossas próprias experiências e sentidos. Mas nossa ciência era diametralmente oposta às informações, experiências e crenças que tínhamos acumulado. Por isso ficávamos calados.

10

A semana passou rápido. Eu escutara repetidas vezes a fita da última sessão. Como estaria me aproximando do estado de renovação? Não me sentia particularmente iluminado. E agora os espíritos voltariam para me ajudar. Mas o que deveria fazer? Quando descobriria? Estaria à altura? Sabia que precisava esperar e ter paciência. Lembrei-me das palavras do Mestre poeta: "Paciência e senso de oportunidade... tudo vem na sua hora... Tudo se esclarecerá no momento certo. Você precisa digerir o conhecimento que já lhe passamos."

Então, eu esperaria.

No início dessa sessão, Catherine relatou o fragmento de um sonho que tivera várias noites antes. No sonho, ela estava morando com os pais quando, uma noite, a casa começou a pegar fogo. Ela se manteve no controle, ajudando as pessoas a sair, mas o pai parecia indiferente à urgência da situação. Ela o apressou. Nisso, lembrando-se de ter esquecido alguma coisa em casa, ele mandou Catherine de volta às labaredas enfurecidas para buscá-la. Ela não conseguiu se lembrar do que era. Resolvi não interpretar o sonho ainda e esperar para ver se surgiria a oportunidade quando estivesse hipnotizada.

Ela entrou logo num transe hipnótico profundo.

– Vejo uma mulher com um capuz na cabeça, cobrindo só os cabelos.

E ficou calada.

– Pode vê-lo agora? O capuz?
– Não. Vejo um pano preto, um brocado com desenhos dourados... um prédio com uma espécie de estrutura com pontas... branco.
– Reconhece a construção?
– Não.
– É grande?
– Não. Há uma montanha ao fundo, com neve no topo. Mas o vale é verde... onde estamos.
– Pode entrar no prédio?
– Sim. É feito de uma espécie de mármore... muito frio ao toque.
– É um templo ou alguma construção religiosa?
– Não sei. Acho que pode ser uma prisão.
– Prisão? – repeti. – Há gente lá dentro? Ao redor?
– Sim, alguns soldados. Usam uniformes pretos, com ombreiras douradas... e borlas douradas. Elmos pretos com ouro... alguma coisa pontuda e dourada no alto... do elmo. E uma faixa vermelha, uma faixa vermelha na cintura.
– Há outros soldados por perto?
– Talvez uns dois ou três.
– Você está lá?
– Estou em algum lugar, mas não *dentro* do prédio. Mas estou por ali.
– Olhe à sua volta. Veja se pode se encontrar... As montanhas estão lá, a relva... e o prédio branco. Há outras construções?
– Se houver, não estão perto desta... Vejo uma... isolada, uma espécie de parede construída por detrás... uma parede.
– Acha que é um forte, uma prisão, ou algo assim?
– Pode ser, mas... é muito isolado.
– Por que é tão importante para você?
Ela ficou em silêncio.

– Sabe o nome da cidade ou país onde está? Onde estão os soldados?
– Estou vendo 'Ucrânia'.
– Ucrânia? – repeti, fascinado pela diversidade de suas vidas. – Vê um ano? Lembra a época?
– Mil setecentos e dezessete – respondeu hesitante, depois se corrigiu. – Mil setecentos e cinquenta e oito... mil setecentos e cinquenta e oito. Há muitos soldados. Não sei qual o objetivo deles. Com espadas longas e curvas.
– O que mais vê ou escuta? – indaguei.
– Uma fonte, uma fonte onde dão de beber aos cavalos.
– Os soldados estão montados?
– Sim.
– Eles são conhecidos por um outro nome? Chamam-se de alguma forma especial?
Ela ficou escutando.
– Não ouço.
– Está entre eles?
– Não.
Suas respostas soavam novamente como as de uma criança, curtas e monossilábicas. Era preciso ser um entrevistador versátil.
– Mas você os vê por perto?
– Sim.
– Você está na cidade?
– Sim.
– Mora lá?
– Acho que sim.
– Bom. Veja se consegue se encontrar e o lugar onde mora.
– Vejo algumas roupas muito rasgadas. E apenas uma criança, um menino. Suas roupas estão rasgadas. Sente frio...
– Ele mora na cidade?
Houve uma longa pausa.

– Não vejo isso – continuou ela.
Parecia estar tendo alguma dificuldade em entrar em contato com essa vida. As respostas eram um tanto vagas, inseguras.
– Tudo bem. Sabe o nome do menino?
– Não.
– O que acontece com ele? Siga com ele. Veja o que acontece.
– Alguém que ele conhece está preso.
– Um amigo? Parente?
– Acho que é o pai dele.
Suas respostas eram curtas.
– O menino é você?
– Não estou certa.
– Sabe como ele está se sentindo com o pai na prisão?
– Sim... está com muito medo, medo de que matem o pai.
– O que o pai fez?
– Roubou alguma coisa dos soldados, uns papéis, parece.
– O menino não entende completamente?
– Não. Talvez nunca mais veja o pai.
– Vai conseguir ver o pai afinal?
– Não.
– Quanto tempo o pai vai ficar preso? Ele vai viver?
– Não! – respondeu ela. Sua voz tremia. Estava apreensiva, muito triste. Não dava muitos detalhes, mas estava visivelmente agitada pelos acontecimentos que testemunhava e vivia.
– Pode sentir o que está se passando com o menino – continuei –, esse medo e essa angústia? Você pode?
– Sim.
Ela ficou em silêncio novamente.
– O que está acontecendo? Adiante-se no tempo agora. Sei que é difícil. Vá em frente.
– O pai dele é executado.
– Como ele se sente agora?

– Foi por alguma coisa que ele não fez. Mas executam as pessoas sem motivo.
– O menino deve estar muito triste.
– Acho que ele não compreende totalmente... o que aconteceu.
– Há outras pessoas a quem possa pedir ajuda?
– Sim, mas a sua vida vai ser muito difícil.
– O que acontecerá com o menino?
– Não sei. Provavelmente morrerá...
Ela parecia muito triste. Ficou calada de novo, olhando ao redor.
– O que está vendo?
– A mão... segurando alguma coisa... branca. Não sei o que é...
Ficou em silêncio novamente, e os minutos se passaram.
– O que mais? – perguntei.
– Nada... escuridão.
Morrera ou de alguma forma perdera o contato com o menino triste que vivia na Ucrânia mais de duzentos anos atrás.
– Deixou o menino?
– Sim – sussurrou ela, descansando.
– O que aprendeu com essa vida? Por que foi importante?
– As pessoas não podem ser julgadas apressadamente. É preciso ser justo. Muitas vidas foram arruinadas por nos precipitarmos em nosso julgamento.
– A vida do menino foi curta e difícil devido àquele julgamento... contra seu pai?
– Sim.
Silenciou novamente.
– Está vendo mais alguma coisa agora? Ouve alguma coisa?
– Não.
De novo a resposta curta e o silêncio. Por algum motivo, essa vida breve fora particularmente extenuante. Dei-lhe instruções para descansar:

– Descanse. Sinta a tranquilidade. Seu corpo está se curando, a alma descansa... Está se sentindo melhor? Repousada? Foi duro para o menino. Muito duro. Mas agora você está descansando de novo. Sua mente pode levá-la a outros lugares, outros tempos... outras lembranças. Está descansando?
– Sim.
Resolvi ir em busca do fragmento de sonho da casa pegando fogo e a despreocupação do pai, que a mandara de volta ao incêndio para recuperar algo que era dele.
– Tenho uma pergunta agora sobre o sonho... com seu pai. Pode lembrar agora, é seguro. Você está em transe profundo. Recorda-se?
– Sim.
– Você voltou a entrar na casa para pegar um objeto. Consegue se lembrar?
– Sim... era uma caixa de metal.
– O que tinha dentro que ele queria tanto, a ponto de mandá-la de volta para uma casa em chamas?
– Selos e moedas... que ele coleciona – respondeu.
A quantidade de detalhes do sonho lembrado sob hipnose contrastava intimamente com a vaga recordação que tinha quando acordada. A hipnose era uma ferramenta poderosa: não só proporcionava acesso às áreas mais remotas e ocultas da mente como permitia uma lembrança bem mais minuciosa.
– Os selos e as moedas eram muito importantes para ele?
– Sim.
– Mas arriscar sua vida voltando para uma casa incendiada só por causa de selos e moedas?!
– Ele não achava que estava arriscando – interrompeu ela.
– Achava que não tinha perigo?
– Sim.
– Então por que voltou você e não ele?

– Porque achou que eu iria mais rápido.
– Entendo. Mas havia riscos para você?
– Sim, mas ele não percebia isso.
– Esse sonho tem outros significados para você? Sobre o relacionamento com seu pai?
– Não sei.
– Ele não parecia estar com muita pressa de sair da casa em chamas.
– Não.
– Por que estava tão tranquilo? Você foi rápida, viu o perigo.
– Porque ele tenta se esconder.

Aproveitei esse momento para interpretar parte do sonho:
– Sim, um comportamento típico dele, e você lhe serve, como fez indo buscar a caixa. Espero que aprenda com você. Sinto que o fogo representa o tempo passando, que você percebe o perigo e ele, não. Enquanto se demora e a manda de volta em busca de coisas materiais, você sabe muito mais... e tem muito a ensinar a ele, que parece não querer aprender.
– Não – concordou. – Não quer.
– É assim que entendo o sonho. Mas você não pode forçá-lo. Só ele pode descobrir isso.
– Sim – concordou de novo, e a voz se tornou profunda e rouca –, não importa se nosso corpo se queime nos incêndios, se não precisamos dele...

Um Espírito Mestre lançara uma luz totalmente nova no sonho. A surpresa com essa súbita entrada fez-me repetir de volta o pensamento:
– Não precisamos dele?
– Não. Passamos por muitos outros estágios quando estamos aqui. Largamos um corpo de bebê, passamos para o da criança, daí para o do adulto, até envelhecermos. Por que não poderíamos dar mais um passo, abandonando o corpo adulto e seguindo num

plano espiritual? É o que fazemos. Não paramos de crescer, continuamos crescendo. Ao chegarmos ao estado espiritual, continuamos nos desenvolvendo. Passamos por estágios diferentes de desenvolvimento. Ao chegar, estamos consumidos. Precisamos passar por um estágio de renovação, de aprendizado, e por um estágio de decisão. Decidimos quando, onde e por que motivo queremos voltar. Há quem prefira não voltar. Preferem seguir para um outro estágio de desenvolvimento. E continuam na forma espiritual... alguns mais tempo que outros. É tudo crescimento e aprendizado... desenvolvimento contínuo. Nosso corpo é apenas um veículo enquanto estamos aqui. A alma e o espírito é que duram para sempre.

Não reconheci a voz nem o estilo. Um "novo" Mestre estava falando sobre um conhecimento importante. Eu queria saber mais sobre esses reinos espirituais.

– No estado físico o aprendizado é mais rápido? Há motivos para as pessoas não permanecerem todas no estado espiritual?

– Não. O aprendizado no estado espiritual é muito mais rápido, mais acelerado que no físico. Mas escolhemos o que desejamos aprender. Se for preciso voltar para trabalharmos um relacionamento, então voltamos. Ao terminarmos, seguimos em frente. Na forma espiritual, sempre é possível, quando se quer, entrar em contato com os que estão no estado físico. Mas só se for importante... se for preciso dizer-lhes algo que devem saber.

– Como se faz o contato? Como se transmite a mensagem?

Para minha surpresa, Catherine respondeu. O murmúrio era mais rápido e firme:

– Às vezes é possível aparecer diante da pessoa... com a mesma aparência de antes. Outras, faz-se apenas um contato mental. Há ocasiões em que as mensagens são enigmáticas, mas quase sempre a pessoa sabe a que se referem. Ela compreende. É um contato da mente com a mente.

– O conhecimento que você tem agora, essa informação, sabedoria, tão importantes... por que não são acessíveis quando está acordada e no estado físico? – perguntei.
– Acho que eu não compreenderia. Não sou capaz de entender.
– Então talvez eu possa ensiná-la a entender, para você não se assustar e aprender.
– Sim.
– Quando ouve as vozes dos Mestres, eles dizem coisas semelhantes às que está me dizendo agora. Vocês devem compartilhar um bocado de informações.

Eu estava intrigado com a sabedoria que ela possuía naquele estado.
– Sim – respondeu apenas.
– E isso vem de sua própria mente?
– Mas eles o colocaram lá.

Ela dava o crédito aos Mestres.
– Sim – admiti. – Qual a melhor forma de comunicá-la para que você possa crescer e perder seus medos?
– Você já quase conseguiu isso – respondeu suavemente.

Estava certa: seus medos haviam quase desaparecido. Uma vez iniciadas as regressões hipnóticas, seu progresso clínico fora incrivelmente rápido.
– O que precisa aprender agora? O que é mais importante saber nesta vida para poder continuar crescendo e progredindo?
– Confiança – respondeu rápido.

Ela sabia qual era a sua principal tarefa.
– Confiança? – repeti, surpreso com a rapidez da resposta.
– Sim. Preciso aprender a ter fé e também a confiar nas pessoas. Não confio. Acho que todo mundo está tentando me prejudicar. Isso me mantém distante das pessoas e das situações das quais provavelmente não deveria me afastar. Conserva-me presa a quem eu deveria largar.

Era enorme a sua percepção nesse estado superconsciente. Conhecia suas fraquezas e forças. Sabia as áreas que precisavam de atenção e trabalho e o que precisava fazer para melhorar. O único problema era que essa percepção tinha que alcançar a sua consciência e ser aplicada à sua vida desperta. A percepção superconsciente era fascinante, mas por si só não bastava para transformar sua vida.

– Quem são essas pessoas de quem tem que se afastar?

Ela fez uma pausa.

– Acho que de Becky. De Stuart... acho que algo ruim... virá deles.

– Pode se afastar disso?

– Não totalmente, mas de algumas de suas ideias, sim. Stuart está tentando me manter numa prisão e está conseguindo. Sabe que estou com medo. Sabe que estou com medo de me afastar dele e usa isso para me prender.

– E Becky?

– Ela está constantemente tentando abalar a minha fé nas pessoas em quem acredito. Quando vejo o bem, ela vê o mal. E tenta plantar essas sementes no meu pensamento. Estou aprendendo a confiar nas pessoas... naquelas em que devo confiar, mas ela me enche de dúvidas. Esse é o seu problema. Não posso deixar que ela me faça pensar como ela.

No seu estado superconsciente, Catherine era capaz de definir as principais falhas de caráter de Becky e Stuart. Hipnotizada, ela seria uma excelente psiquiatra, empática e infalivelmente intuitiva. A Catherine desperta não possuía essas qualidades. Era minha tarefa fazer a ponte. Sua expressiva melhora clínica demonstrava estar havendo um contato. Procurei solidificar mais a ponte.

– Em quem pode confiar? – perguntei. – Pense nisso. Quais são as pessoas nas quais pode confiar, aprender com elas e aproximar-se mais. Quem são?

– Posso confiar em você – murmurou.

Eu sabia disso, mas sabia também que ela precisava confiar ainda mais nas pessoas com quem convivia diariamente.

– Pode, sim. É minha amiga, mas deve se aproximar dos outros também, de quem participa de sua vida e pode estar mais tempo com você do que eu.

Queria que fosse completa e independente de mim.

– Posso confiar em minha irmã. Não conheço os outros. Posso confiar em Stuart, mas só até certo ponto. Ele gosta de mim, mas está confuso. Nessa confusão, sem saber, me prejudica.

– Sim, é verdade. Há outro homem em quem pode confiar?

– Robert – respondeu. Era um outro psiquiatra do hospital. Eram bons amigos.

– Sim. Talvez existam outros que vai conhecer... no futuro.

– Sim – concordou.

A ideia de um conhecimento futuro era divertida e intrigante. Fora tão exata sobre o passado. Por meio dos Mestres, soubera de fatos específicos e secretos. Eles conheceriam também o futuro? Assim, poderíamos compartilhar essas previsões? Milhares de perguntas explodiam em minha mente.

– Quando entra em contato com sua mente superconsciente, como agora, e possui essa sabedoria, desenvolve também uma capacidade no nível psíquico? Pode ver o futuro? Exploramos tanto o passado.

– É possível – concordou –, mas não vejo nada agora.

– É possível? – repeti.

– Acredito que sim.

– Pode fazer isso sem se assustar? Pode ir até o futuro e obter informações neutras que não a assustem? Pode ver o futuro?

A resposta foi imediata:

– Não estou vendo. Eles não permitem.

Eu sabia que ela se referia aos Mestres.

– Estão por perto agora?
– Sim.
– Estão falando com você?
– Não. Controlam tudo.

Portanto, sendo controlada, não tinha permissão para perscrutar o futuro. Talvez não tivéssemos nada a ganhar pessoalmente com isso. Talvez toda a experiência a tivesse deixado muito ansiosa. Talvez não estivéssemos preparados para suportar a informação. Não insisti.

– O espírito que estava perto de você antes, Gideon...
– Sim.
– O que ele quer? Por que se aproximou? Você o conhece?
– Não, creio que não.
– Mas ele a protege?
– Sim.
– Os Mestres...
– Não os vejo.
– Às vezes eles têm mensagens para mim, mensagens que a ajudam e me ajudam. Você as tem disponíveis, mesmo quando eles não estão falando? Colocam pensamentos na sua mente?
– Sim.
– Controlam até onde você pode ir? O que pode recordar?
– Sim.
– Então existe um propósito nessa exposição de vidas...
– Sim.
– ... para você e para mim... para nos ensinar. Para eliminar o medo.
– Há muitos meios de comunicação. Escolhem vários... para mostrar que existem.

Se Catherine ouvia suas vozes, visualizava imagens e panoramas passados, experimentava fenômenos mediúnicos, ou se colocavam em sua mente ideias e pensamentos, o propósito era o mesmo – além de mostrar que existiam, nos ajudar promovendo percepções interiores e conhecimento, tornando-nos próximos do Divino através da sabedoria.

– Sabe por que escolheram você...
– Não.
– ... para ser o canal?

Era uma pergunta delicada, já que, quando desperta, Catherine nem queria ouvir as gravações.

– Não – murmurou ela suavemente.
– Isso a assusta?
– Às vezes.
– E outras não?
– Sim.
– Isso pode ser consolador – acrescentei. – Sabemos agora que somos eternos, portanto perdemos o medo da morte.
– Sim – concordou, fazendo uma pausa. – Devo aprender a confiar.

Voltara à principal lição de sua vida.

– Quando me dizem alguma coisa, devo aprender a confiar no que ouço... quando a pessoa é confiável.
– Certamente há pessoas em quem não se pode confiar – acrescentei.
– Sim, mas estou confusa. E, quando sei que deveria confiar, luto contra esse sentimento. E não quero confiar em ninguém.

Ela ficou em silêncio enquanto eu, mais uma vez, admirava a sua percepção.

– Na última vez falamos de você como uma criança, num jardim com cavalos. Lembra-se? O casamento de sua irmã?
– Um pouco.
– Há mais para se concluir dessa época? Você sabe?
– Sim.
– Vale a pena voltar agora e explorar mais?

— Essa lembrança não vai voltar agora. Há tantas coisas numa vida... tanto conhecimento a adquirir... de cada vida. Sim, devemos explorar, mas ela não voltará agora.

Então retornei ao seu relacionamento perturbado com o pai:
— O relacionamento com seu pai é uma outra área que a afetou profundamente nesta vida.
— Sim — respondeu simplesmente.
— É uma outra área a explorar ainda, também. Teve que aprender muito com esse relacionamento. Compare-o com o do menino na Ucrânia que perdeu o pai muito cedo. E essa perda não aconteceu com você dessa vez. No entanto, tê-lo aqui, embora certas dificuldades fossem menos...
— Foi um peso — concluiu. — Pensamentos... pensamentos... — acrescentou.
— Que pensamentos?
Senti que ela mudara de área.
— Sobre anestesia. Quando lhe dão anestesia, pode ouvir? Você ainda *pode* ouvir! — Ela respondeu à sua própria pergunta. Sussurrava rapidamente, excitada: — Sua mente fica muito atenta ao que se passa. Estavam falando a respeito de engasgar, sobre a possibilidade de eu engasgar quando operaram a minha garganta.

Lembrei-me da sua cirurgia das cordas vocais, feita alguns meses antes da primeira consulta comigo. Estava muito ansiosa antes da intervenção e absolutamente aterrorizada quando acordou na sala de recuperação. As enfermeiras levaram horas para acalmá-la. Parecia agora que a conversa dos cirurgiões durante a operação, no momento em que ela estava profundamente anestesiada, precipitara aquele terror.

Minha mente retornou à faculdade de medicina e ao meu estágio na cirurgia. Lembrei-me dos bate-papos durante as operações com os pacientes anestesiados. Lembrei-me das piadas, dos palavrões, das discussões e do mau humor dos médicos. O que os pacientes teriam ouvido, num nível subconsciente? Quanto fora registrado, a ponto de afetar seus pensamentos e emoções, medos e angústias, depois de acordá-los? O estado pós-operatório e a própria recuperação do paciente depois da cirurgia seriam influenciados pelas observações feitas durante a operação? Teria alguém morrido por causa dos prognósticos negativos escutados naquele momento? Teriam, ao se sentirem desesperançados, simplesmente desistido?

– Lembra-se do que diziam? – perguntei.
– Que tinham de enfiar um tubo em mim. Quando o retirassem, minha garganta poderia inchar. Achavam que eu não estava ouvindo.
– Mas estava.
– Sim. Por isso tive problemas.

Depois dessa sessão, Catherine não teve mais medo de engolir ou engasgar. Foi simplesmente assim.

– Toda a angústia... – continuou – eu pensava que ia engasgar.
– Sente-se livre? – perguntei.
– Sim. Você pode reverter o que eles fizeram.
– Posso?
– Sim. Você é... Deveriam ter mais cuidado com o que dizem. Lembro agora. Colocaram um tubo na minha garganta. E fiquei sem poder falar nada depois.
– Agora está livre... Você os escutou.
– Sim, eu os ouvi falando...

Ficou em silêncio uns dois minutos, depois começou a virar a cabeça de um lado para outro. Parecia estar ouvindo alguma coisa.

– Está escutando as mensagens? Sabe de onde vêm? Esperava que surgissem os Mestres?
– Alguém me contou – foi a sua resposta enigmática.
– Alguém estava falando com você?
– Mas eles se foram.

– Veja se consegue trazer novamente os espíritos com as mensagens para nós... para nos ajudar.
– Eles vêm somente quando querem, não quando eu quero – respondeu taxativa.
– Não tem nenhum controle sobre isso?
– Não.
– Tudo bem – concordei –, mas a mensagem sobre a anestesia foi muito importante para você. Foi a origem dos seus engasgos.
– Importante para você, não para mim – retorquiu.

Sua resposta reverberava dentro da minha cabeça. *Ela* se curara do medo de engasgar e, no entanto, a revelação fora mais importante para mim. Eu é que estava curando. Sua simples resposta continha vários níveis de significado. Senti que, se entendesse realmente esses níveis, essas oitavas ressonantes de significados, daria um salto em direção ao entendimento das relações humanas. Talvez a ajuda fosse mais importante que a cura.

– Para que eu possa ajudá-la?
– Sim. Pode desfazer o que fizeram. Você *vem* desfazendo o que eles fizeram...

Ela descansava. Ambos tínhamos aprendido uma grande lição.

~

Logo após completar 3 anos, minha filha, Amy, veio correndo e me abraçou pelas pernas. Olhou para cima e disse: "Papai, eu te amo há 40 mil anos." Olhei para o seu rostinho e me senti muito, muito feliz.

11

Várias noites mais tarde, despertei sobressaltado de um sono profundo. Instantaneamente alerta, tive a visão do rosto de Catherine muitas vezes maior que o natural. Parecia aflita, como se precisasse da minha ajuda. Olhei o relógio: eram 3h36. Não havia nenhum barulho lá fora que pudesse ter me acordado. Carole dormia tranquila ao meu lado. Esqueci o incidente e voltei a dormir.

Cerca de 3h30 da mesma manhã, Catherine acordou em pânico com um pesadelo. Suava, o coração disparado. Resolveu meditar para relaxar, visualizando meu rosto hipnotizando-a no consultório. Imaginou meu rosto, ouviu minha voz e, aos poucos, adormeceu.

Catherine se tornava cada vez mais mediúnica, e eu, aparentemente, também. Podia ouvir meus antigos professores de psiquiatria falando de transferência e contratransferência nos relacionamentos terapêuticos. A transferência é a projeção de sentimentos, pensamentos e desejos feita pelo paciente no terapeuta, que representa alguém do passado do paciente. A contratransferência é o inverso, a reação emocional inconsciente do terapeuta ao paciente. Mas a comunicação às 3h30 não era nenhuma das duas. Fora uma comunicação telepática numa frequência externa aos canais normais. De certa forma, a hipnose estava abrindo esse canal. Ou seria a plateia, um grupo diverso de espíritos – Mestres, guardiães e outros –, a responsável por essa nova frequência? Eu estava mais do que surpreso.

Na sessão seguinte, Catherine atingiu rapidamente um nível profundo de hipnose. Ficou logo alarmada:
— Vejo uma grande nuvem... ela me assusta. Estava lá — disse, respirando apressadamente.
— Ainda está lá?
— Não sei. Apareceu e sumiu rápido... alguma coisa em cima da montanha.
Ela continuava assustada, respirando fundo. Achei que estava vendo uma bomba. Poderia ver o futuro?
— Vê a montanha? Parece uma bomba?
— Não sei.
— Por que ficou assustada?
— Foi muito rápido. Estava lá. Muito esfumaçada... muito. É grande. Está longe. Oh...
— Não tem perigo. Pode se aproximar?
— Não quero! — respondeu bruscamente. Era raro ela ter tanta resistência.
— Por que tem tanto medo? — tornei a perguntar.
— Acho que é alguma substância química. É difícil respirar quando se chega perto — disse respirando com dificuldade.
— É um gás? Sai da própria montanha... como um vulcão?
— Acho que sim. Como um cogumelo. É o que parece... branco.
— Mas não é uma bomba? Não é uma bomba atômica ou algo parecido?
Ela parou, continuando em seguida:
— É um vul... uma espécie de vulcão, acho. Assustador. É difícil respirar. Há poeira no ar. Não quero ficar lá.
Aos poucos sua respiração voltou a ser profunda e regular, como de costume nos estados hipnóticos. Ela saíra daquela cena assustadora.

– Está mais fácil respirar agora?
– Sim.
– Bom. O que está vendo?
– Nada... um colar, um colar no pescoço de alguém. É azul... é de prata, tem uma pedra azul pendurada, e várias pedrinhas menores por baixo.
– Há alguma coisa sobre a pedra azul?
– Não, é transparente. Pode se ver através dela. A mulher tem cabelos pretos e usa um chapéu azul... com uma pena grande, o vestido é de veludo.
– Conhece a mulher?
– Não.
– Você está lá ou você é a mulher?
– Não sei.
– Mas você a vê?
– Sim. Não sou a mulher.
– Quantos anos ela tem?
– Uns 40. Mas parece mais velha.
– Está fazendo alguma coisa?
– Não, está de pé perto de uma mesa. Há um vidro de perfume em cima da mesa. É branco com flores verdes. Há uma escova e um pente com cabos de prata.

Eu estava impressionado com a percepção dos detalhes.
– É o quarto dela ou é uma loja?
– É o quarto dela. Há uma cama... com quatro colunas. É uma cama marrom. Há um jarro sobre a mesa.
– Um jarro?
– Sim, não há quadros. As cortinas são estranhas, escuras.
– Há mais alguém?
– Não.
– Qual a relação dessa mulher com você?
– Eu a sirvo.

Novamente, era uma criada.
– Está com ela há muito tempo?
– Não... alguns meses.
– Gosta do colar?
– Sim. Ela é muito elegante.
– Você já usou o colar?
– Não.

Suas respostas curtas exigiam de mim uma direção atenta para conseguir obter as informações básicas. Ela me fazia lembrar meu filho pré-adolescente.

– Qual a sua idade agora?
– Talvez 13, 14...

Quase a mesma idade.

– Por que deixou sua família? – perguntei.
– Não os deixei – corrigiu-me. – Eu só trabalho aqui.
– Entendo. Vai para casa depois?
– Sim.

Suas respostas não deixavam espaço para explorações.

– Moram perto?
– Bastante... Somos muito pobres. Precisamos trabalhar... servir.
– Sabe o nome da mulher?
– Belinda.
– Trata você bem?
– Sim.
– Bom. Trabalha muito?
– Não é muito cansativo.

Entrevistar adolescentes nunca foi fácil, mesmo em vidas passadas. Eu tinha sorte de ser bem treinado.

– Bom. Continua a vê-la?
– Não.
– Onde você está agora?

– Em outro aposento. Há uma mesa com um pano preto... orlado de franjas. Um cheiro de ervas... um perfume forte.
– Tudo isso pertence à sua patroa? Ela usa muito perfume?
– Não, este é um outro quarto. Estou em outro quarto.
– De quem é?
– Pertence a uma mulher escura.
– Escura como? Pode vê-la?
– Está com a cabeça muito coberta – sussurrou Catherine –, vários xales. É velha e enrugada.
– Qual é seu relacionamento com ela?
– Fui vê-la apenas.
– Para quê?
– Para ela colocar as cartas.

Intuitivamente eu sabia que ela tinha ido ver uma mulher que lia a sorte, provavelmente nas cartas do tarô. Era uma ironia. Catherine e eu aqui envolvidos numa aventura mediúnica incrível, vasculhando outras vidas e dimensões, e, no entanto, talvez duzentos anos antes, ela visitara uma médium para conhecer o seu futuro. Eu sabia que Catherine nunca fizera isso em sua vida atual e não possuía nenhum conhecimento de tarô ou de previsões do futuro. Essas coisas a assustavam.

– Ela lê a sorte? – perguntei.
– Vê coisas.
– Tem uma pergunta para lhe fazer? O que você quer ver? O que quer saber?
– Sobre um homem... com quem talvez me case.
– O que ela diz ao colocar as cartas?
– A carta com... uma espécie de bastões. Bastões e flores... mais bastões, lanças, ou um tipo de linha. Tem uma outra carta com um cálice, uma taça... Vejo uma carta com um homem ou rapaz carregando um escudo. Ela diz que eu vou me casar, mas não com este homem... não vejo mais nada.

— Vê a mulher?
— Vejo algumas moedas.
— Está ainda com ela, ou é um outro lugar?
— Estou com ela.
— Como são as moedas?
— São de ouro. As bordas são ásperas. São quadradas. Têm uma coroa de um lado.
— Veja se tem um ano impresso na moeda. Alguma coisa que possa ler... com letras.
— Uns números estrangeiros — relatou. — Xis e is.
— Sabe que ano é?
— Mil setecentos... alguma coisa. Não sei quando.
Ficou em silêncio de novo.
— Por que essa mulher é tão importante para você?
— Não sei...
— As suas previsões se realizam?
— ... mas ela se foi — murmurou Catherine. — Foi-se. Não sei.
— Vê alguma coisa agora?
— Não.
— Não? — Fiquei surpreso. — Onde ela estava? Sabe seu nome nessa vida? — perguntei, esperando pegar o fio dessa vida de vários séculos atrás.
— Fui embora dali.
Ela saíra e estava descansando. Podia fazer isto agora por si mesma. Não tinha necessidade de vivenciar a morte. Esperamos vários minutos. Essa vida não fora espetacular. Lembrara-se apenas de algumas descrições e da interessante visita à cartomante.
— Vê alguma coisa agora? — tornei a perguntar.
— Não — sussurrou.
— Está descansando?
— Sim... joias de cores diferentes...

– Joias?
– Sim. São na verdade luzes, mas parecem joias...
– O que mais? – perguntei.
– Eu só...
Ela parou e em seguida seu murmúrio se transformou numa voz alta e firme:
– Há muitas palavras e pensamentos voando por aí... É sobre coexistência e harmonia... o equilíbrio.
Eu sabia que os Mestres estavam por perto.
– Sim – estimulei. – Quero saber sobre essas coisas. Pode me dizer?
– No momento são apenas palavras – respondeu.
– Coexistência e harmonia – lembrei.
Quando ela respondeu, era a voz do Mestre poeta. Estava emocionado por ouvi-lo novamente.
– Sim – respondeu ele. – Tudo deve estar equilibrado. A natureza é equilibrada. Os animais selvagens vivem em harmonia. Os seres humanos não aprenderam a fazer isso. Continuam a se destruir. Não existe harmonia, nenhum plano para o que fazem. É tão diferente da natureza. A natureza é equilibrada. A natureza é energia e vida... e restauração. E os humanos apenas destroem. Destroem a natureza. Destroem outros seres humanos. Acabarão por se destruir.
Era uma profecia sinistra. Com o mundo vivendo constantemente no caos e na desordem, eu esperava que não fosse logo.
– Quando isso vai acontecer? – perguntei.
– Mais cedo do que pensam. A natureza sobreviverá. As plantas sobreviverão. Mas nós, não.
– Podemos fazer alguma coisa para impedir a destruição?
– Não. Tudo deve estar em equilíbrio...
– Essa destruição vai acontecer durante a nossa vida? Podemos evitá-la?

– Não vai acontecer durante a nossa vida. Estaremos num outro plano, em outra dimensão, quando isso acontecer, mas vamos assistir.
– Não há meios de ensinar a humanidade?

Eu continuava tentando uma saída, alguma possibilidade atenuante.

– Acontecerá num outro nível. Aprenderemos com isso.
– Bem, então nossas almas se desenvolvem em lugares diferentes – falei, com otimismo.
– Sim. Não estaremos mais... aqui, da forma como sabemos. Vamos assistir.
– Sim – concordei. – Sinto necessidade de ensinar a essas pessoas, mas não sei como atingi-las. Existe um meio, ou devem aprender por si mesmas?
– Não pode atingir todos. Para impedir a destruição, é preciso atingir todas as pessoas, e você não pode. É impossível impedir. Elas aprenderão. Quando se desenvolverem, aprenderão. Haverá paz, mas não aqui, nesta dimensão.
– Poderá então haver paz?
– Sim, num outro nível.
– Parece distante demais – queixei-me. – As pessoas parecem tão fúteis agora... gananciosas, ávidas de poder, ambiciosas. Esquecem o amor, a compreensão e o conhecimento. Há muito que aprender.
– Sim.
– Posso escrever para ajudá-las? Há algum meio?
– Você sabe como. Não precisamos lhe dizer. Não vai adiantar, todos atingiremos o nível e elas verão. Somos todos iguais. Ninguém é maior que o outro. E essas são apenas lições... e castigos.
– Sim – concordei.

Essa lição fora profunda e eu precisava de tempo para digeri-la. Catherine ficou em silêncio. Aguardamos, ela descansando e eu pensativamente absorto nas palavras impressionantes daqueles últimos sessenta minutos. Por fim, ela quebrou o encanto.

– As joias se foram – murmurou. – As joias se foram. As luzes... desapareceram.

– As vozes também? As palavras?

– Sim, não vejo nada.

Ao parar, sua cabeça começou a se mover de um lado para outro.

– Um espírito... está olhando.

– Para você?

– Sim.

– Reconhece o espírito?

– Não tenho certeza... talvez seja Edward.

Edward morrera no ano anterior. Ele era onipresente. Parecia estar sempre perto dela.

– Com quem se parece o espírito?

– Só um... branco... como luzes. Não tem rosto, não da forma que conhecemos, mas sei que é ele.

– Está se comunicando com você?

– Não, está apenas olhando.

– Estava ouvindo o que eu dizia?

– Sim – murmurou ela. – Mas ele se foi agora. Queria só ter certeza de que eu estava bem.

Pensei nos anjos da guarda da mitologia popular. Certamente Edward, no papel do espírito em suspensão, amoroso, observando para se certificar de que ela estava bem, se aproximara deles. E Catherine já falara dos espíritos guardiães. Fiquei imaginando quantos mitos infantis tinham origem realmente na vaga lembrança de um passado.

Pensei também na hierarquia dos espíritos: quem se tornaria guardião e quem seria Mestre e os que não eram nenhum dos dois e aprendiam apenas. Deveria haver gradações baseadas na sabedoria e no conhecimento, com o objetivo final de nos tornarmos semelhantes a Deus, nos aproximando Dele, talvez fundindo-nos, de certa forma, com Ele. Esse era o objetivo dos teólogos místicos ao descreverem seus êxtases, durante séculos. Eles vislumbraram essa união divina. Na falta dessas experiências pessoais, veículos como Catherine, com seu extraordinário talento, proporcionavam a melhor visão.

Edward desaparecera, Catherine se calou. Seu rosto ficou tranquilo, estava envolta em serenidade. Que maravilhoso talento ela possuía – a capacidade de ver além da vida e da morte, falar com os "deuses" e compartilhar sua sabedoria. Estávamos nos alimentando da Árvore do Conhecimento, não mais proibida. Fiquei imaginando quantas maçãs ainda restavam.

~

A mãe de Carole, Minette, estava morrendo de um câncer que se disseminara dos seios para os ossos e o fígado. O processo se arrastava havia quatro anos e agora não era mais possível retardá-lo por meio da quimioterapia. Era uma mulher corajosa e suportava estoicamente a dor e a fraqueza. Mas a doença se acelerava e eu sabia que a morte vinha se aproximando.

As sessões com Catherine ocorriam simultaneamente e eu dividia a experiência e as revelações com Minette. Fiquei ligeiramente surpreso ao ver que ela, uma pragmática mulher de negócios, aceitou logo o conhecimento, querendo saber mais. Dei-lhe livros, e ela os leu avidamente. Procurou e frequentou um curso comigo e Carole sobre a cabala, os centenários textos místicos judaicos. A reencarnação e os planos intermediários são os princípios básicos da literatura cabalística, mas os judeus modernos não têm consciência disso.

O espírito de Minette se fortalecia enquanto o corpo se deteriorava. Seu medo da morte diminuiu. Começou a esperar a reunião com seu amado marido, Ben. A crença na imortalidade da alma a ajudou a suportar as dores. Agarrava-se à vida, esperando o nascimento de mais um neto, o primeiro filho de Donna. Ao se encontrar com Catherine no hospital, durante um dos tratamentos, a troca de olhares e palavras trouxe paz e alegria para ambas. A sinceridade e a honestidade de Catherine ajudaram a convencer Minette de que a existência após a vida era verdade.

Uma semana antes de morrer, Minette foi internada no setor de oncologia do hospital. Carole e eu pudemos passar bastante tempo com ela, falando sobre a vida e a morte e sobre o que nos aguardava depois da morte. Senhora de grande dignidade, ela resolveu morrer no hospital, onde as enfermeiras podiam cuidar dela. Donna, o marido e a filha de seis semanas vieram vê-la para dizer adeus. Estávamos quase que constantemente juntos. Por volta das 18h do dia em que Minette morreu, Carole e eu acabáramos de chegar em casa, vindos do hospital, quando sentimos uma necessidade imensa de voltar. As seis ou sete horas que se seguiram foram plenas de serenidade e energia espiritual transcendental. Embora respirasse com dificuldade, Minette não sentia mais dores. Conversamos sobre a sua transição para o estado intermediário, para a luz e a presença espiritual. Reviu a sua vida, a maior parte do tempo em silêncio, lutando para aceitar as partes negativas. Parecia saber que não poderia partir antes de completar esse processo. Esperava o momento preciso para morrer, de madrugada. Estava cada vez mais impaciente, aguardando a chegada da hora. Minette foi a primeira pessoa que orientei e ajudei a atravessar a morte assim. Estava fortalecida, e nossa tristeza foi mitigada por toda aquela experiência.

Descobri que minha capacidade de curar os pacientes aumentara significativamente não só nos casos de fobias e ansiedades, mas em especial quando se tratava de morte, tristezas e aconselhamento. Por intuição, sabia o que estava errado e a direção a tomar na terapia. Era capaz de transmitir sentimentos de tranquilidade, calma e esperança. Depois da morte de Minette, várias outras pessoas que estavam morrendo ou tinham perdido algum ente querido vieram me pedir ajuda. Muitas não estavam preparadas para saber a respeito de Catherine ou da literatura sobre a vida e a morte. Contudo, mesmo sem comunicar esse conhecimento específico, sentia que podia transmitir a mensagem. Um tom de voz, uma compreensão empática do processo, de seus medos e sentimentos, um olhar, um toque, uma palavra – tudo podia penetrar em algum nível, tocando um ponto sensível de esperança, da espiritualidade esquecida, da humanidade compartilhada, ou ainda mais. E, para aqueles que estavam prontos para mais, sugerir leituras e dividir minhas experiências com Catherine e outros era como abrir uma janela e deixar entrar uma brisa fresca. Os que estavam preparados reviveram. Adquiriram a compreensão interior mais rapidamente.

Acredito firmemente que os terapeutas devem ter a mente aberta. Assim como é necessário um trabalho mais científico para documentar as experiências de morte e seu processo, como as de Catherine, é preciso ampliar o trabalho experimental nessa área. Os terapeutas devem considerar a possibilidade da vida após a morte e integrá-la no seu aconselhamento. Não precisam usar as regressões hipnóticas, mas devem manter a mente aberta, dividir seu conhecimento com os pacientes, não descartando as experiências trazidas por eles.

Atualmente, as pessoas estão arrasadas pelas ameaças à sua vida. A praga da aids, o holocausto nuclear, o terrorismo, as doenças e muitas outras catástrofes pairam sobre nossa cabeça e nos torturam diariamente. Muitos adolescentes acreditam que não vão passar dos 20 anos. Isso é inacreditável e reflete a enorme tensão que existe em nossa sociedade.

No nível individual, a reação de Minette às mensagens de Catherine foi encorajadora. Seu espírito se fortaleceu e ela teve esperança diante da grande dor física e da deterioração de seu corpo. Mas as mensagens são para todos nós, não apenas para os que estão morrendo. Precisamos de mais médicos e cientistas para relatarem as experiências de outras Catherines, confirmando e ampliando suas mensagens. As respostas estão lá. Somos imortais. Estaremos sempre juntos.

12

Três meses e meio haviam se passado desde a nossa primeira sessão hipnótica. Não só os sintomas de Catherine tinham praticamente desaparecido como ela ultrapassara a simples cura. Estava radiante, envolta numa energia tranquila. As pessoas sentiam-se atraídas por ela. Quando tomava o café da manhã na cantina do hospital, homens e mulheres logo se aproximavam. "Só queria dizer como você está bonita", falavam. Como um pescador, ela os mantinha numa linha mediúnica invisível. E frequentara aquela mesma cantina durante anos sem que ninguém a notasse.

Como sempre, na penumbra do meu consultório, os cabelos louros espalhados sobre o já familiar travesseiro bege, Catherine caiu rapidamente num transe hipnótico profundo.

– Vejo um prédio... feito de pedra. E tem alguma coisa pontuda em cima. É numa região bastante montanhosa. Está muito úmido... muito úmido lá fora. Vejo uma carroça. Vejo uma carroça passando... pela frente. Carrega feno, uma espécie de palha ou feno, ou algo para os animais comerem. Há alguns homens lá. Estão levando espécies de bandeiras, coisas que tremulam na ponta de uma vara. Cores muito vivas. Ouço falarem sobre mouros... mouros. E de uma guerra que está acontecendo. Tem um metal, alguma coisa de metal cobrindo-lhes a cabeça... uma proteção feita de metal. O ano é 1483. Algo sobre dinamarqueses. Estamos lutando contra os dinamarqueses? Está havendo uma guerra.

– Você está lá?

– Não vejo isso – respondeu suavemente. – Vejo as carroças. Têm duas rodas, duas rodas e a parte de trás aberta. Estão abertas, as laterais são vazadas com ripas, uma espécie de ripado de madeira. Vejo... alguma coisa de metal que usam no pescoço... muito pesada, no formato de uma cruz. Mas as extremidades são curvas, redondas... na cruz. É a festa de um santo... vejo espadas. Eles têm uma espécie de faca ou espada... muito pesada, de pontas rombudas. Preparam-se para uma batalha.

– Veja se pode se encontrar – instruí. – Olhe ao redor. Talvez seja um soldado. Você os vê de algum lugar.

– Não sou um soldado – disse, bem certa disso.

– Olhe em volta.

– Trouxe algumas provisões. É uma aldeia, uma aldeia qualquer.

Ela parou de falar.

– O que vê agora? – insisti.

– Uma bandeira, uma espécie de bandeira. É vermelha e branca... branca com uma cruz vermelha.

– É a bandeira do seu povo? – perguntei.

– É a bandeira dos soldados do rei – respondeu.

– É seu rei?

– Sim.

– Sabe o nome dele?

– Não escuto. Ele não está aqui.

– Pode ver o que está vestindo? Olhe para baixo e veja como está vestida.

– Uma espécie de couro... túnica de couro sobre... sobre uma camisa muito grosseira. Uma túnica de couro... curta. Uns sapatos feitos de pele de animal... sapatos não, são mais umas botas ou mocassins. Ninguém fala comigo.

– Compreendo. Qual a cor de seus cabelos?

– São claros, mas sou velho, e eles estão um pouco grisalhos.

– O que acha da guerra?
– Faz parte da minha vida. Perdi um filho numa escaramuça anterior.
– Um filho?
– Sim – respondeu num fio de voz. Estava triste.
– Quem restou? Quem restou na sua família?
– Minha esposa... e minha filha.
– Como se chamava seu filho?
– Não vejo o nome dele. Lembro dele. Vejo minha mulher. Catherine fora homem e mulher várias vezes. Sem filhos na vida atual, fora pai e mãe de inúmeras crianças em outras vidas.
– Como é a sua mulher?
– Muito cansada, muito... É velha. Temos algumas cabras.
– Sua filha ainda mora com vocês?
– Não, casou-se e saiu de casa há algum tempo.
– Estão sozinhos, então, você e sua mulher?
– Sim.
– Como é sua vida?
– Estamos cansados. Somos muito pobres. Não tem sido fácil.
– Não. Perdeu o seu filho. Sente falta dele?
– Sim – respondeu simplesmente, mas a tristeza era visível.
– Você foi fazendeiro? – perguntei, mudando de assunto.
– Sim. Há trigo... trigo, alguma coisa parecida com trigo.
– Tem havido muitas guerras na sua terra, durante a sua vida, com muitas tragédias?
– Sim.
– Mas você chegou a ficar velho.
– Eles lutam fora da aldeia, não *dentro* dela – explicou. – Precisam viajar até onde acontecem as batalhas... atrás de muitas montanhas.
– Sabe o nome da terra onde está? Ou da cidade?
– Não vejo isso, mas deve ter um nome. Eu não vejo.

– É uma época muito religiosa para você? Vê cruzes nos soldados?
– Para os outros, sim. Para mim, não.
– Existe alguém vivo ainda em sua família, além de sua mulher e de sua filha?
– Não.
– Seus pais morreram?
– Sim.
– Irmãos e irmãs?
– Tenho uma irmã, está viva. Não a conheço – acrescentou, referindo-se à sua vida como Catherine.
– Tudo bem. Veja se reconhece alguém mais na aldeia ou na sua família.

Se as pessoas reencarnassem mesmo em grupos, provavelmente encontraria ali alguém importante na sua vida atual.

– Vejo uma mesa de pedra... vejo gamelas.
– É a sua casa?
– Sim. Algo feito de cer... amarelo, de milho... ou... amarelo. Nós comemos isso...
– Tudo bem – acrescentei, tentando diminuir o ritmo. – Foi uma vida muito difícil para você, uma vida muito difícil. Em que está pensando?
– Cavalos – sussurrou.
– São seus? Ou de outra pessoa?
– Não, dos soldados... de alguns deles. A maioria caminha. Mas não são cavalos, são asnos, ou algum animal menor que um cavalo. São selvagens, quase todos.
– Adiante-se no tempo agora – instruí. – Você é muito velho. Tente ir até o último dia de sua vida como um homem velho.
– Mas não sou muito velho – objetou.

Não era particularmente sugestionável nessas vidas passadas. Relatava exatamente o que estava acontecendo. Eu não podia afastá-la das lembranças. Não podia fazê-la alterar os detalhes do que acontecera e estava sendo lembrado.

– Vai acontecer algo mais nesta vida? – perguntei, mudando minha abordagem. – É importante sabermos.

– Nada que valha a pena – respondeu sem emoção.

– Então, vá em frente, avance no tempo. Vamos descobrir o que precisava aprender. Você sabe?

– Não. Ainda não estou lá.

– Sim, eu sei. Vê alguma coisa?

Passaram-se uns dois minutos antes de responder.

– Estou flutuando – sussurrou baixinho.

– Já o deixou agora?

– Sim, estou flutuando.

Entrara no estado espiritual de novo.

– Sabe agora o que precisava aprender? Foi uma outra vida difícil para você.

– Não sei. Estou só flutuando.

– Tudo bem. Descanse... descanse.

Mais alguns minutos se passaram em silêncio. Em seguida, ela pareceu estar ouvindo alguma coisa. De repente, falou. O tom de voz era alto e profundo. Não era Catherine.

– Há sete planos ao todo, sete planos, cada um constituído de vários níveis. Um deles é o plano da lembrança. Nele, você pode recolher seus pensamentos. Tem permissão para ver sua vida e o que acabou de acontecer. Quem está nos níveis superiores pode ver a história. Pode voltar e nos ensinar através do aprendizado da história. Mas nós, dos níveis inferiores, só temos permissão para ver nossa própria vida... que acabou de passar.

"Temos dívidas a serem pagas. Se não as pagamos, então temos que levá-las conosco para uma outra vida... para que possam ser trabalhadas. Você se desenvolve pagando suas dívidas. Algumas almas progridem mais rápido do que outras. Quando estamos na forma física e nos superamos, vencemos uma vida... Se algo interrompe a sua capacidade... de pagar a dívida, você terá que voltar ao plano das lembranças, onde vai esperar até que a alma com quem está em débito venha ver você. E, quando ambas puderem voltar à forma física ao mesmo tempo, você terá permissão para voltar. Mas é você quem determina quando vai voltar. Você determina o que deve ser feito para pagar aquela dívida. Não vai se lembrar das suas outras vidas... só daquela de onde acabou de vir. Apenas as almas no nível superior – os sábios – têm permissão para lembrar da história e dos acontecimentos passados... para nos ajudar, para nos ensinar o que devemos fazer.

"Há sete planos... sete planos pelos quais teremos que passar antes de voltarmos. Um deles é o plano da transição. Lá você aguarda. Nesse plano determina-se o que você vai trazer de volta para a próxima vida. Todos nós teremos... um traço dominante. Pode ser a ganância ou a luxúria, mas, seja lá o que for determinado, terá que pagar seus débitos para com aquelas pessoas. Você precisa superar isso naquela vida. Aprender a superar a ganância. Caso contrário, quando voltar, terá que carregar esse traço e também um outro para a vida seguinte. As cargas ficam cada vez maiores. Cada vez que passar por uma vida sem pagar as dívidas, a próxima será mais difícil. Se cumprir as exigências, terá uma vida mais fácil. Portanto, você escolhe a vida que vai ter. Na fase seguinte será responsável por ela. Você escolhe."

Catherine se calou.

Essa fala aparentemente não vinha de um Mestre. Ele se identificou como "nós, dos níveis inferiores", em comparação às almas do nível superior – "os sábios". Mas o conhecimento transmitido era claro e prático. Fiquei imaginando os outros cinco planos e suas características. O estágio de renovação seria um deles? E o de aprendizado e o das decisões? Toda a sabedoria revelada através dessas mensagens das almas em várias dimensões do estado espiritual era coerente. O estilo da transmissão diferia, a fraseologia e a gramática eram diferentes, a sofisticação do verso e o vocabulário eram diferentes, mas o conteúdo permanecia coerente.

Eu estava adquirindo um conjunto sistemático de conhecimentos espirituais que falavam de amor e esperança, fé e caridade. Tratava de virtudes e vícios, débitos a pagar aos outros e a si mesmo, incluindo vidas passadas e planos espirituais entre eles. Falava do desenvolvimento da alma por meio da harmonia e do equilíbrio, do amor e da sabedoria, um desenvolvimento para uma ligação mística e extática com Deus.

Havia muitos outros conselhos práticos pelo caminho: o valor da paciência e da espera, a sabedoria do equilíbrio da natureza, a erradicação dos medos – principalmente o da morte –, a necessidade de saber confiar e perdoar, a importância de aprender a não julgar os outros, ou de não interromper a vida de alguém, o acúmulo e uso do poder intuitivo e, talvez mais que tudo, o inabalável conhecimento de que somos imortais. Estamos além da vida e da morte, do espaço e do tempo. Nós somos os deuses, e eles são como nós.

– Estou flutuando – sussurrou Catherine baixinho.

– Em que estado você está? – perguntei.

– Nada... estou flutuando... Edward me deve alguma coisa... ele me deve algo.

– Sabe o que é?

– Não... Algum conhecimento... ele me deve. Tem alguma coisa para me dizer, talvez sobre a filha da minha irmã.

– A filha de sua irmã? – repeti.

– Sim... é uma menina. Chama-se Stephanie.

– Stephanie? O que precisa saber sobre ela?

– Tenho que saber como entrar em contato com ela – respondeu.

Catherine nunca mencionara essa sobrinha.

– É muito chegada a você? – perguntei.
– Não, mas ela vai encontrá-los.
– Quem? – perguntei, confuso.
– Minha irmã e o marido dela. E a única maneira é através de mim. Eu sou o elo. Ele tem a informação. O pai dela é médico, clinica em algum lugar de Vermont, na parte sul de Vermont. A informação me chegará quando for necessário.
Soube mais tarde que a irmã de Catherine e o futuro marido deram um bebê para adoção. Eram adolescentes na época e ainda não estavam casados. A adoção foi feita através da Igreja. Não houve notícias depois daquela época.
– Sim – concordei. – Quando for a hora.
– Sim. Aí ele me dirá. Ele me dirá.
– Que outra informação ele tem para você?
– Não sei, mas tem coisas para me dizer. E me deve algo... algo. Não sei o quê. Ele me deve alguma coisa.
Ficou em silêncio.
– Está cansada?– perguntei.
– Vejo um arreio – foi a sua resposta sussurrada. – Um equipamento pendurado na parede. Um arreio... Vejo um cobertor do lado de fora de uma estrebaria.
– É um estábulo?
– Há cavalos ali. Muitos cavalos.
– O que mais?
– Vejo muitas árvores... com flores amarelas. Meu pai está lá. Cuida dos cavalos.
Percebi que falava como uma criança.
– Como ele é?
– Muito alto, com os cabelos grisalhos.
– Você se vê?
– Sou criança... uma menina.
– Os cavalos pertencem ao seu pai ou ele apenas cuida deles?

— Cuida deles. Moramos perto.
— Você gosta dos cavalos?
— Sim.
— Tem algum preferido?
— Sim. O meu cavalo. Chama-se Maçã.
Lembrei-me de sua vida como Mandy, quando um cavalo chamado Maçã também aparecera. Ela estava repetindo novamente uma vida que já tínhamos vivenciado? Talvez estivesse fazendo uma nova abordagem.
— Maçã... sim. Seu pai deixa você montar o cavalo?
— Não, mas posso lhe dar de comer. É usado para puxar a carroça do patrão, para puxar a sua charrete. É muito grande. Tem patas grandes. Se você não tiver cuidado, ele pisa em cima.
— Quem mais está com você?
— Minha mãe. Vejo uma irmã... é maior que eu. Não vejo mais ninguém.
— O que vê agora?
— Apenas cavalos.
— É uma época feliz para você?
— Sim. Gosto do cheiro do estábulo.
Estava sendo bastante específica, referindo-se àquele momento no tempo, no estábulo.
— Sente o cheiro dos cavalos?
— Sim.
— O feno?
— Sim... seus focinhos são tão macios. Tem cachorros aqui também... pretos, alguns cachorros pretos e gatos... uma porção de animais. Os cachorros são usados na caça. Quando eles vão caçar passarinhos, os cachorros podem ir.
— Acontece alguma coisa com você?
— Não.
Minha pergunta fora vaga demais.

– Cresceu nesta fazenda?
– Sim. O homem que está cuidando dos cavalos... – Ela se deteve, então continuou: – ... não é realmente meu pai.
Eu estava confuso.
– Não é seu pai de verdade?
– Não sei, ele... não é meu pai, não. Mas é como se fosse. É um segundo pai. É muito bom pra mim. Tem olhos verdes.
– Olhe nos olhos dele, verdes, e veja se pode reconhecê-lo. Ele é bom com você. Ele a ama.
– É meu avô... meu avô. Ele nos amou muito. Meu avô nos amou muito. Costumava nos levar com ele o tempo todo. Costumávamos ir juntos quando ele ia beber. E ganhávamos soda. Ele gostava da gente.
Minha pergunta a retirara de dentro daquela vida para o estado superconsciente, de observação. Ela observava a vida de Catherine agora e o seu relacionamento com o avô.
– Ainda sente falta dele? – perguntei.
– Sim – respondeu suavemente.
– Mas, como vê, esteve com ele antes – falei tentando minimizar seu sofrimento.
– Ele foi muito bom com a gente. Ele nos amava. Nunca gritou com a gente. Costumava nos dar dinheiro e nos levar com ele o tempo todo. Ele gostava disso. Mas morreu.
– Sim, mas você vai estar com ele de novo. Sabe disso.
– Sim. Estive com ele antes. Não era como meu pai. São tão diferentes.
– Por que um ama tanto você e a trata tão bem e o outro é tão diferente?
– Porque um aprendeu. Pagou a sua dívida. Meu pai, não. Ele voltou... sem compreender. Vai ter que fazer isso de novo.
– Sim – concordei. – Vai ter que aprender a amar, a cuidar.
– Sim – respondeu ela.

– Se não entendem isso – acrescentei –, tratam os filhos como se fossem sua propriedade, em vez de pessoas a quem amam.
– Isso mesmo – concordou.
– Seu pai ainda precisa aprender isso.
– Sim.
– Seu avô já sabe...
– Eu já sei – interrompeu. – Passamos por tantos estágios no estado físico... como nos outros estágios de evolução. Temos que passar pela infância, pelo estágio infantil... Temos que ir longe antes de atingirmos... antes de atingirmos o nosso objetivo. Os estágios na forma física são difíceis. Os do plano astral são fáceis. Lá só descansamos e esperamos. Os de agora são os difíceis.
– Quantos planos existem no estado astral?
– Sete – respondeu.
– Quais são? – perguntei, procurando confirmar aqueles além dos dois mencionados antes.
– Só me disseram dois – explicou. – O estágio de transição e o de recordações.
– São os dois que conheço, também.
– Conheceremos os outros mais tarde.
– Você aprendeu ao mesmo tempo que eu – observei. – Aprendemos hoje sobre as dívidas. É muito importante.
– Vou me lembrar do que devo me lembrar – acrescentou ela, enigmática.
– Vai se lembrar desses planos? – perguntei.
– Não. Não são importantes para mim. São para você.
Eu já escutara isso antes. Era para mim. Para ajudá-la, porém mais do que isso. Para me ajudar, porém mais do que isso também. Não conseguia imaginar qual seria o propósito maior.
– Você parece estar melhorando bastante agora – continuei. – Está aprendendo muito.
– Sim – concordou.

– Por que as pessoas se sentem atraídas por você agora?
– Porque me libertei de tantos medos e sou capaz de ajudá-las. Sentem uma atração psíquica por mim.
– Você se sente capaz de lidar com isso?
– Sim. – Não havia dúvida. – Não tenho medo – acrescentou.
– Bom, vou ajudá-la.
– Eu sei – respondeu. – Você é meu professor.

13

Catherine se livrara de seus sintomas. Estava mais saudável do que nunca. Suas vidas estavam começando a se repetir. Eu sabia que nos aproximávamos de um ponto final, mas o que não percebi naquele dia de outono, quando ela entrou em seu transe hipnótico, é que cinco meses iriam se passar entre aquela sessão e a seguinte, que seria a última.

– Vejo entalhes – começou. – Alguns feitos em couro. Vejo argila. As pessoas estão fazendo potes. São vermelhos... estão usando um material vermelho. Vejo um prédio marrom, uma estrutura marrom. É lá que estamos.

– Você está no prédio marrom ou perto dele?

– Estou dentro dele. Trabalhando em coisas diferentes.

– Pode se ver enquanto trabalha? – perguntei. – Pode descrever o que está vestindo? Olhe para baixo. Como está?

– Uso uma espécie de pano... um pano vermelho comprido. Calço sapatos engraçados, como sandálias. Tenho cabelos castanhos. E estou trabalhando numa imagem. É a figura de um homem... um homem. Tem uma espécie de vara na mão... um bastão. As outras pessoas estão trabalhando com... com metais.

– Isso é feito numa fábrica?

– É só um prédio. Feito de pedra.

– A estátua em que está trabalhando, o homem com o bastão, você o conhece?

– Não, é só um homem. Cuida do gado... das vacas. Há várias estátuas por perto. Só sabemos com o que se parecem. É um material muito estranho. Difícil de trabalhar. Está sempre esfarelando.
– Sabe o nome do material?
– Não vejo isso. Só vermelho, uma coisa vermelha.
– O que vai acontecer com a estátua quando terminar?
– Vai ser vendida. Algumas serão vendidas no mercado. Outras, oferecidas a diversos nobres. Só as mais bem-feitas irão para as casas dos nobres. O resto será vendido.
– Você negocia com esses nobres?
– Não.
– Esse é o seu trabalho?
– Sim.
– Gosta?
– Sim.
– Faz isso há muito tempo?
– Não.
– Faz bem?
– Não muito.
– Precisa de mais experiência?
– Sim, estou só aprendendo.
– Compreendo. Ainda mora com sua família?
– Não sei, mas vejo caixas marrons.
– Caixas marrons? – repeti.
– Têm pequenas aberturas. Há uma porta nelas e algumas estátuas sentadas lá dentro. São feitas de madeira, um tipo de madeira. Temos que fazer estátuas para elas.
– Qual a função das estátuas?
– São religiosas – respondeu.
– Qual é a religião, e a estátua?
– Há muitos deuses, muitos protetores... muitos deuses. As

pessoas estão muito assustadas. Muitas coisas são feitas aqui. Fazemos jogos também... jogos de tabuleiro, com furos. Cabeças de animais se encaixam neles.
– Vê mais alguma coisa?
– Está muito quente, muito quente e poeirento... arenoso.
– Tem água por perto?
– Sim, vem das montanhas.
Esta vida também começava a parecer familiar.
– As pessoas têm medo? – explorei. – São supersticiosas?
– Sim – respondeu –, têm muito medo. Todo mundo tem medo. Eu também. Precisamos nos proteger. Há doenças. Devemos nos proteger.
– Que tipo de doenças?
– Alguma coisa que está matando as pessoas. Muita gente está morrendo.
– Por causa da água? – perguntei.
– Sim. Está muito seco... muito quente, porque os deuses estão zangados e nos castigam.
Ela revisitava a vida em que houvera a cura com o tânis. Reconheci a religião do medo, a religião de Osíris e de Hátor.
– Por que os deuses estão zangados? – perguntei já sabendo a resposta.
– Porque desobedecemos às leis. Eles estão zangados.
– Que leis vocês desobedeceram?
– As que foram estabelecidas pelos nobres.
– Como podem apaziguar os deuses?
– Devemos usar certas coisas. Tem gente que as usa no pescoço. Ajudam a evitar o mal.
– Há um deus de quem as pessoas tenham mais medo?
– Têm medo de todos eles.
– Sabe o nome dos deuses?
– Não sei. Só os vejo. Tem um com o corpo humano, mas a

cabeça é de um animal. Outro se parece com o sol. Um se parece com um pássaro, é preto. Eles têm uma corda no pescoço.
– Você passa por tudo isso?
– Sim, eu não morro.
– Mas alguns membros da sua família, sim – lembrei.
– Sim... meu pai. Minha mãe está bem.
– Seu irmão?
– Meu irmão... morreu – lembrou.
– Por que você sobrevive? Há alguma coisa em particular com você? Alguma coisa que fez?
– Não – respondeu, mudando o enfoque. – Vejo algo com óleo dentro.
– O que vê?
– Algo branco. Parece mármore. É... alabastro... uma espécie de bacia... colocam óleo dentro. É usado para ungir as cabeças...
– ... dos sacerdotes? – acrescentei indagando.
– Sim.
– Qual a sua função agora? Ajuda com o óleo?
– Não, faço estátuas.
– No mesmo prédio marrom?
– Não... é mais tarde... um templo – respondeu.
Parecia triste por alguma razão.
– Está com algum problema?
– Alguém fez alguma coisa no templo que enraiveceu os deuses. Não sei...
– Foi você?
– Não, não... vejo só os sacerdotes. Estão preparando um sacrifício, um animal... é um cordeiro. Eles têm a cabeça raspada. Não têm cabelos na cabeça, nem no rosto...

Ficou em silêncio, e os minutos se passaram devagar. De repente, ficou alerta, como se escutasse alguma coisa. Quando falou, a voz era profunda. Um Mestre estava presente.

– É nesse plano que algumas almas têm permissão de se manifestar às pessoas que continuam na forma física. Têm permissão de voltar... só se deixaram de realizar algum compromisso. Nesse plano a comunicação é permitida. Mas nos outros... É onde você pode usar sua capacidade mediúnica e se comunicar com as pessoas na forma física. Há muitas maneiras de se fazer isso. Alguns recebem o poder da visão e se mostram às pessoas. Outros possuem o poder do movimento e podem mover telepaticamente os objetos. Você só entra nesse plano se for útil para você. Se deixou irrealizado um compromisso, pode escolher vir para cá e se comunicar de alguma forma. Mas é só isso... para que o acordo seja realizado. Se a sua vida tiver sido bruscamente interrompida, você pode entrar nesse plano. Muita gente prefere vir aqui para ver os que continuam na forma física e ficar perto deles. Mas nem todos escolhem se comunicar com essas pessoas. Para alguns pode ser muito assustador.

Catherine se calou, parecia descansar. Sussurrou:
– Vejo a luz.
– Ela lhe dá energia? – perguntei.
– É como começar de novo... é um renascer.
– Como as pessoas na forma física podem sentir essa energia? Como podem entrar em contato com ela e ser recarregadas?
– Por meio da mente – respondeu.
– Mas como alcançam esse estado?
– Precisam estar bem relaxadas. Podem se renovar através da luz... através da luz. É preciso estar muito relaxado, de forma a não gastar energia, porém renovando a sua.

Ela estava no estado superconsciente; resolvi ampliar as perguntas.
– Quantas vezes você renasceu? – perguntei. – Foram todas as vidas aqui na Terra ou em algum outro lugar também?
– Não – respondeu –, nem todas aqui.

– Em que outros planos, em que outros lugares você vai?
– Ainda não terminei o que vim fazer aqui. Não posso continuar até ter vivenciado tudo da vida. Haverá muitas vidas... para realizar todos os compromissos e débitos.
– Mas está fazendo progressos – observei.
– Estamos sempre progredindo.
– Quantas vidas viveu na Terra?
– Oitenta e seis.
– Oitenta e seis?
– Sim.
– Lembra-se de todas?
– Vou lembrar quando isso for importante para mim.

Havíamos vivenciado fragmentos ou partes importantes de 10 ou 12 vidas e, ultimamente, elas se repetiam. Aparentemente, ela não precisava se lembrar das outras. A meu ver, fizera um progresso notável. O desenvolvimento que alcançasse a partir desse ponto talvez não dependesse dessas lembranças. Seu progresso no futuro poderia não depender de mim ou da minha ajuda. Ela começou a sussurrar baixinho novamente:

– Algumas pessoas atingem o plano astral através de drogas, mas não compreendem a experiência que tiveram. Mas puderam fazer a passagem.

Eu não perguntara sobre drogas. Ela estava ensinando, dividindo o conhecimento, independentemente de uma pergunta específica minha.

– Não pode usar seus poderes mediúnicos para ajudá-la a se desenvolver aqui? – perguntei. – Parece estar desenvolvendo cada vez mais essa capacidade.

– Sim – concordou. – É importante, mas não tanto aqui quanto nos outros planos. Faz parte da evolução e do crescimento.

– Importante para mim ou para você?

– Para todos nós – respondeu.

Como desenvolvemos essas faculdades?
– Por meio dos relacionamentos. Há pessoas com poderes superiores, que voltaram com mais conhecimento. Elas vão procurar ajudar quem precisa se desenvolver.

Caiu num longo silêncio. Deixando o estado superconsciente, entrara numa outra vida.

– Vejo o mar. Vejo uma casa perto do mar. É branca. Os navios entram e saem do porto. Sinto o cheiro da maresia.
– Está lá?
– Sim.
– Como é a casa?
– Pequena. Tem uma espécie de torre no alto... uma janela de onde se vê o mar. Tem um telescópio. É de latão e madeira.
– Você usa esse telescópio?
– Sim, procuro os navios.
– O que você faz?
– Informamos os navios mercantes que entram no porto.

Lembrei-me que ela fizera isso numa outra vida quando era Christian, o marinheiro que feriu a mão numa batalha naval.

– É um marinheiro? – perguntei, esperando uma confirmação.
– Não sei... talvez.
– Pode ver o que está vestindo?
– Sim. Uma espécie de camisa branca, calças curtas marrons e sapatos com fivelas grandes... Serei um marinheiro mais tarde, agora não.

Ela podia ver o futuro, o que fez com que pulasse para lá.
– Estou ferido – estremecia, contorcendo-se de dor. – Minha mão está ferida, sinto muita dor.

Era realmente Christian e revivia a batalha naval.
– Houve uma explosão?
– Sim... sinto cheiro de pólvora!
– Vai ficar bem – tranquilizei-a, já sabendo o resultado.

– Muita gente está morrendo! – exclamou, agitada. – As velas rasgaram... parte do porto explodiu.
Examinava os danos no navio.
– Precisamos consertar as velas.
– Você as recupera? – perguntei.
– Sim. É muito difícil esticar o pano das velas.
– É capaz de fazer isso com sua mão machucada?
– Não, mas estou observando outras... velas. São de tela, uma espécie de tela, muito difícil de esticar... Muita gente morreu.
Catherine estremeceu.
– O que foi? – perguntei.
– A dor... na mão.
– Vai se curar. Adiante-se no tempo. Embarca novamente?
– Sim.
Ela ficou alguns minutos em silêncio e então continuou:
– Estamos ao sul de Gales. Temos que defender a costa.
– Quem ataca?
– Acho que são os espanhóis... possuem muitos navios.
– O que acontece em seguida?
– Vejo o navio. E também o porto. Há lojas. Em algumas fazem velas. Em outras se vendem livros.
– Sim. Você vai a essas livrarias?
– Sim. Gosto muito dos livros. São maravilhosos... Vejo muitos. O vermelho é com histórias. São sobre cidades... a Terra. Há mapas. Gosto desse livro... Tem uma loja de chapéus.
– Há um lugar aonde você vai para beber?
Lembrava-me da descrição, feita por Christian, da cerveja.
– Sim, há muitos – respondeu. – Servem cerveja... muito escura... com uma espécie de trigo... com uma carne... carneiro e pão, um pão muito grande. A cerveja é bem amarga, muito amarga. Posso prová-la. Tem vinho também e mesas compridas de madeira...

Resolvi chamá-la pelo nome para ver a reação:
– Christian – chamei com ênfase.
– Sim! O que quer? – ela respondeu alto, sem hesitar.
– Onde está sua família, Christian?
– Estão numa cidade próxima. Embarcamos neste porto.
– Quem faz parte da sua família?
– Tenho uma irmã... uma irmã, Mary.
– Onde está sua namorada?
– Não tenho. Só as mulheres da cidade.
– Ninguém especial?
– Não, só as mulheres... voltei a embarcar. Luto em vários combates, mas não corro perigo.
– Envelheceu...
– Sim.
– Vai se casar?
– Acredito que sim. Vejo um anel.
– Tem filhos?
– Sim, meu filho também vai embarcar... Há um anel, um anel e a mão, que segura alguma coisa. Não consigo ver o que é. O anel e a mão agarrando alguma coisa.

Catherine começou a enjoar.
– O que houve?
– As pessoas no navio estão doentes... é da comida. Comeram alguma coisa estragada. Foi a carne de porco salgada.

O enjoo continuava. Adiantei-a no tempo e o enjoo passou. Resolvi não levá-la de novo até o ataque de coração de Christian. Já estava exausta, por isso despertei-a do transe.

14

Três semanas se passaram antes do próximo encontro. Um pequeno período em que estive doente e as férias dela provocaram essa demora. Catherine continuava a melhorar, mas, quando começamos a sessão, parecia ansiosa. Anunciou que estava se sentindo tão bem que achava que a hipnose não iria ajudá-la mais do que já fizera. Estava certa, é claro. Em circunstâncias comuns, teríamos terminado a terapia muitas semanas antes. Continuamos em parte devido ao meu interesse pelas mensagens dos Mestres e porque ainda persistiam alguns problemas menores na vida atual de Catherine. Estava praticamente curada e as vidas se repetiam. Mas e se os Mestres tivessem mais coisas a me dizer? Como nos comunicaríamos sem Catherine? Sabia que ia continuar, se eu insistisse. Mas eu não achava isso certo. Com alguma tristeza, concordei com ela. Conversamos sobre os acontecimentos das últimas três semanas, embora meu coração estivesse longe.

Cinco meses se passaram. Catherine mantinha sua melhora clínica. Os medos e ansiedades eram mínimos. A qualidade de sua vida e de seus relacionamentos progredira significativamente. Saía agora com outros homens, embora Stuart continuasse presente. Pela primeira vez, desde criança, sentia-se alegre e feliz. Ocasionalmente, nos víamos nos corredores ou na fila da cantina, mas não tivemos nenhum contato formal médico-paciente.

Passou o inverno e começou a primavera. Catherine marcou uma hora no meu consultório. Estava tendo um sonho que se repetia, sobre um sacrifício religioso, com cobras dentro de um poço. As pessoas, inclusive ela, eram forçadas a entrar nele. Ela tentava subir, cravando as mãos nas paredes arenosas. As cobras estavam bem debaixo dela. Nesse ponto do sonho, ela acordava, o coração batendo furiosamente.

Apesar do longo hiato, caiu rapidamente num profundo estado hipnótico. Como sempre, voltou de imediato a uma vida antiga.

– Está muito quente aqui onde estou – começou. – Vejo dois negros de pé, perto de uma parede de pedra fria e úmida. Usam capacete. E têm uma corda ao redor do tornozelo direito. A corda é torcida com contas e franjas. Estão construindo um armazém de pedra e argila, colocando trigo lá dentro e uma espécie de grão moído. O grão vem numa charrete com rodas de ferro. Há colchões nas charretes, ou em algumas delas. Vejo água, muito azul. Alguém responsável dá as ordens. Há três degraus descendo até o celeiro. Há uma estátua de um deus do lado de fora. Tem cabeça de pássaro e corpo de homem. É um deus das estações. As paredes estão seladas com uma espécie de breu para vedar a entrada do ar e manter o grão fresco. Meu rosto está coçando... vejo contas azuis nos meus cabelos. Há percevejos e moscas em volta, fazendo meu rosto e minhas mãos coçarem. Coloco uma coisa pegajosa no rosto para afastá-los... tem um cheiro horrível, é a seiva de uma árvore.

"Uso tranças e contas nos cabelos, com tiras douradas. Meus cabelos são bem pretos. Faço parte de uma casa real. Estou aqui por causa de uma festa. Vim assistir à unção dos sacerdotes... uma festa dedicada aos deuses pela próxima colheita. Há sacrifícios apenas de animais, de seres humanos, não. O sangue dos animais sacrificados escorre de um estrado branco até uma bacia... caindo dentro da boca de uma serpente. Os homens usam pequenos chapéus dourados. Todo mundo tem a pele escura. Temos escravos de outras terras, do outro lado do mar..."

Ela ficou em silêncio, e esperamos, como se não houvessem passado tantos meses. Pareceu estar atenta, ouvindo alguma coisa.

– É tudo tão rápido e complicado... o que estão me dizendo... sobre mudança, crescimento e planos diferentes. Existe um plano de consciência e um plano de transição. Viemos de outra vida e, se as lições se completarem, passamos para outra dimensão. Precisamos compreender totalmente. Caso contrário, não nos permitem continuar... temos que repetir porque não aprendemos. Temos que aprender com a experiência de todos os modos. Precisamos conhecer o modo de querer, mas também o de dar... Há muito a aprender, tantos espíritos envolvidos. Por isso estamos aqui. Os Mestres... são únicos neste plano.

Catherine parou e, em seguida, falou com a voz do Mestre poeta. Ele falava comigo.

– O que lhe dizemos é para agora. Deve aprender agora, através da sua própria intuição.

Depois de alguns minutos, Catherine falou na sua voz suave:

– Há uma grade preta... dentro há túmulos. O seu está lá.

– O meu? – perguntei, surpreso com essa visão.

– Sim.

– Pode ler a inscrição?

– O nome é Noble; 1668-1724. Tem uma flor nele... É na França ou na Rússia. Você usava um uniforme vermelho... caiu do cavalo... Tem um anel de ouro... com a cabeça de um leão... usado como insígnia.

Não houve mais nada. Interpretei as palavras do Mestre poeta significando que não haveria mais revelações através da hipnose de Catherine, e foi realmente assim. Não teríamos outras sessões. Sua cura fora completa e eu aprendera o que pude através das regressões. O resto, o futuro, teria que ser pela própria intuição.

15

Dois meses depois da nossa última sessão, Catherine ligou marcando uma hora. Disse que tinha uma coisa muito importante para me contar.

Quando entrou no consultório, a presença da nova Catherine, feliz, sorridente e irradiando uma paz interior que a fazia resplandecer, me surpreendeu. Por um momento, pensei na antiga Catherine e em como ela avançara em tão pouco tempo.

Catherine fora ver Iris Saltzman, famosa astróloga e médium, especializada na leitura de vidas passadas. Fiquei um pouco surpreso, mas compreendi sua curiosidade e a necessidade de buscar mais informações para aquilo que experimentara. Fiquei contente por ela se sentir confiante em fazer isso.

Recentemente, ela ouvira uma amiga falar de Iris. Telefonou e marcou uma consulta, sem lhe dizer nada do que se revelara em meu consultório.

Iris perguntou apenas a data, a hora e o lugar do seu nascimento. A partir desses dados, explicou-lhe, iria fazer seu mapa astral, o qual, juntamente com seus dons intuitivos, lhe permitiria discernir detalhes das vidas passadas de Catherine.

Por ser a sua primeira experiência com uma médium, ela não sabia exatamente o que esperar. Para sua surpresa, Iris confirmou quase tudo que Catherine descobrira sob hipnose.

Iris foi entrando num estado alterado, falando e tomando notas no gráfico astrológico rapidamente construído. Minutos depois de entrar nesse estado, segurou seu próprio pescoço e anunciou que Catherine fora estrangulada e que sua garganta fora cortada numa vida anterior. Isso teria acontecido numa época de guerra, e Iris viu as chamas e a destruição da cidade muitos séculos atrás. Disse que Catherine era um jovem quando morreu.

Os olhos de Iris estavam vidrados quando a descreveu em seguida como um jovem vestido com uniforme naval, de calça curta e sapatos com estranhas fivelas. De repente, agarrou a mão esquerda e sentiu uma dor profunda, exclamando que alguma coisa afiada entrara e ferira sua mão, deixando uma cicatriz permanente. Houve grandes batalhas navais e o local era a costa inglesa. Continuou descrevendo uma vida de marinheiros.

Iris descreveu mais fragmentos de outras vidas. Houve uma, breve, em Paris, onde Catherine fora de novo um menino que morreu cedo, pobre. Em outra foi uma índia americana na costa sudeste da Flórida. Nessa era uma curandeira e andava descalça. Tinha a pele escura e olhos castanhos. Colocava óleos nas feridas, ministrava remédios feitos de ervas e era bastante mediúnica. Gostava de usar joias feitas de pedras azuis, com muito lápis-lazúli, e uma pedra vermelha entrelaçada.

Em outra vida, Catherine fora uma prostituta espanhola. Seu nome começava com a letra L. Vivera com um homem mais velho.

Em outra, fora a filha ilegítima de um homem rico com muitos títulos. Iris viu o brasão da família em jarras na mansão. Disse que Catherine era muito loura e tinha dedos longos e irrequietos. Tocava harpa. Seu casamento fora arranjado. Catherine amava os animais, especialmente cavalos, e tratava deles melhor que qualquer outra pessoa.

Numa vida breve fora um menino marroquino, que morreu jovem, de uma doença. Uma vez viveu no Haiti, falando a língua nativa e envolvida com práticas mágicas.

Numa vida antiga foi egípcia e praticava os ritos funerários daquela cultura. Era uma mulher de cabelos trançados.

Teve várias vidas na França e na Itália. Numa delas, morou em Florença, envolvida em atividades religiosas. Mais tarde, foi para a Suíça, onde participou, de alguma forma, de um mosteiro. Era mulher e tinha dois filhos. Gostava de ouro e de esculturas douradas e usava uma cruz de ouro. Na França esteve aprisionada num lugar escuro e frio.

Numa outra vida, Iris viu Catherine como um homem de uniforme vermelho, em meio a cavalos e soldados. O uniforme era vermelho e dourado, provavelmente russo. Ainda numa outra vida fora uma escrava núbia no antigo Egito. Em certo ponto, foi capturada e jogada numa prisão. Numa outra, Catherine fora homem no Japão, envolvido com livros e ensinamentos, muito erudito. Trabalhara em escolas, tendo morrido velho.

E, finalmente, tivera uma vida mais recente como um soldado alemão morto em batalha.

Eu estava fascinado com a exatidão de detalhes desses fatos descritos por Iris. A correspondência com a própria lembrança de Catherine na regressão hipnótica era surpreendente – a mão machucada de Christian na batalha naval e a descrição de suas roupas; a vida de Luísa como uma prostituta espanhola; Aronda e os funerais egípcios; Johan, o jovem batedor cuja garganta fora cortada por uma encarnação anterior de Stuart, enquanto a cidade deste se incendiava; Eric, o piloto alemão predestinado; e daí por diante.

Havia também correspondências com a vida atual de Catherine. Por exemplo, ela gostava de joias de pedras azuis, especialmente lápis-lazúli. Mas não estava usando nenhuma durante a consulta com Iris. Sempre gostara de animais, principalmente cães e gatos, sentindo-se mais segura com eles do que com as pessoas. E, se pudesse escolher um lugar do mundo para visitar, seria Florença.

De forma alguma eu diria que essa experiência teve algum valor científico. Não havia meios de controlar as variáveis. Mas aconteceu e acho importante relatá-la aqui.

Não tenho certeza do que aconteceu naquele dia. Talvez Iris, inconscientemente, tenha usado a telepatia e "lido" a mente de Catherine, já que as vidas passadas estavam em seu subconsciente. Ou, quem sabe, ela realmente fosse capaz de reconhecer esse tipo de informação através de alguma capacidade mediúnica. Em todo caso, aconteceu: as duas obtiveram o mesmo conhecimento por meios diferentes. O que Catherine alcançou pela regressão hipnótica, Iris conseguiu pelos canais mediúnicos.

Pouca gente seria capaz disso. Muitas pessoas que se dizem médiuns estão simplesmente ganhando dinheiro com o medo dos outros e com a curiosidade diante do desconhecido. Hoje em dia parece estar havendo uma produção de picaretas e impostores "mediúnicos". A popularidade de livros como *Minhas vidas*, de Shirley MacLaine, provocou uma enxurrada de novos "médiuns catalépticos". Muitos perambulam de um lado para outro, anunciando sua presença, depois sentam-se em "transe" dizendo a uma plateia extasiada e assustada chavões do tipo: "Se você não estiver em harmonia com a natureza, a natureza não estará em harmonia com você." Esses pronunciamentos costumam vir entoados numa voz bastante diferente da voz do "médium", quase sempre coloridos por um sotaque estrangeiro. As mensagens são vagas e aplicáveis a uma grande variedade de pessoas. Tratam com frequência principalmente das dimensões espirituais, que são difíceis de avaliar. É importante eliminar o falso, as ervas daninhas, para que o campo não fique desacreditado. É necessário que tenhamos cientistas comportamentais sérios para realizar esse trabalho imprescindível. Precisamos de psiquiatras para avaliar os diagnósticos, para descartar a doença mental, os fingimentos (imposturas) e as tendências sociopatas. Estatísticos, psicólogos e médicos também são vitais para essas avaliações e para uma testagem mais ampla.

Os largos passos a serem dados nesse campo terão de acontecer através da metodologia científica. Na ciência, a hipótese, que é uma suposição preliminar sobre uma série de observações, é criada inicialmente para explicar um fenômeno. A partir daí deve ser testada em condições controladas. Os resultados desses testes serão provados e repetidos antes de se poder formar uma teoria. Uma vez que os cientistas a considerem uma teoria sólida, ela deve ser testada repetidas vezes por outros pesquisadores, obtendo-se sempre os mesmos resultados.

Os estudos minuciosos, cientificamente aceitáveis, do Dr. Joseph B. Rhine na Universidade Duke, do Dr. Ian Stevenson, do Departamento de Psiquiatria da Universidade da Virgínia, da Dra. Gertrude Schmeidler, do New York City College, e de muitos outros pesquisadores sérios provam que isso pode ser feito.

16

Quase quatro anos se passaram desde que Catherine e eu dividimos essa incrível experiência. Ela nos modificou profundamente. De vez em quando Catherine aparece em meu consultório para dar um alô ou discutir algum problema que tenha. Nunca sentiu necessidade ou desejo de regredir novamente, seja para lidar com um sintoma ou descobrir como as pessoas que estavam entrando em sua vida poderiam ter se relacionado com ela no passado. Nosso trabalho terminara. Catherine agora está livre para gozar plenamente a sua vida, sem a perturbação dos sintomas que a tornavam incapaz disso. Descobriu uma sensação de felicidade e contentamento que jamais pensou ser possível. Não teme mais a morte ou as doenças. A vida tem significado e objetivo para ela, que agora está equilibrada e em harmonia consigo mesma. Irradia uma paz interior que muitos desejam porém poucos alcançam. Sente-se mais espiritualizada. Para Catherine, tudo o que aconteceu é bastante real. Não duvida da veracidade de nada e aceita tudo como fazendo parte de si mesma. Não se interessa em estudar os fenômenos psíquicos, sentindo que "conhece" de alguma forma o que não se aprende nos livros ou palestras. As pessoas que estão morrendo, ou têm alguém na família nesta situação, costumam procurá-la. Parecem atraídas por ela, que se senta com elas e conversa, fazendo-as se sentirem melhor.

Minha vida mudou quase tão drasticamente quanto a de Catherine. Tornei-me mais intuitivo, mais atento ao lado secreto, oculto, de meus pacientes, colegas e amigos. Parece que sei muito a respeito deles antes mesmo de isso ser possível. Meus valores e objetivos de vida parecem ter agora um foco mais humanístico, menos cumulativo. Paranormais, médiuns, curandeiros e outros surgem em minha vida cada vez com mais frequência, e comecei a avaliar sistematicamente suas capacidades. Carole se desenvolveu comigo. Tornou-se particularmente hábil no aconselhamento de pessoas que estão enfrentando uma situação de morte e atualmente dirige grupos de apoio para pacientes terminais de aids.

Comecei a meditar, algo que até pouco tempo atrás acharia que só os hindus e o pessoal da Califórnia faziam. As lições transmitidas por Catherine participam conscientemente do meu dia a dia. Lembrando-me do profundo significado da vida e da morte, como parte natural dela, tenho mais paciência, empatia e amor. Sinto-me também mais responsável por minhas ações, tanto as negativas quanto as grandiosas. Sei que haverá um preço a pagar. O que se faz acaba vindo à tona.

Continuo escrevendo ensaios científicos, dando palestras em reuniões de profissionais e dirigindo o Departamento de Psiquiatria. Mas agora tenho um pé em cada mundo: o extraordinário mundo dos cinco sentidos, representado por nossos corpos e necessidades físicas, e o mundo maior dos planos não físicos, representado por nossas almas e espíritos. Sei que estão ligados, que tudo é energia. Mas eles parecem muitas vezes bastante distantes. Meu trabalho é fazer a conexão entre os dois, documentar cuidadosa e cientificamente essa unidade.

Minha família desabrochou. Carole e Amy se revelaram possuidoras de capacidades mediúnicas acima da média, e nós, sem compromissos, estimulamos o desenvolvimento delas. Jordan se tornou um adolescente enérgico e carismático, um líder natural. Eu finalmente estou ficando menos sério. E, às vezes, tenho sonhos estranhos.

Durante vários meses, depois da última sessão com Catherine, meu sono passou a apresentar uma tendência peculiar. Tinha às vezes sonhos nítidos, nos quais ouvia uma aula ou fazia perguntas a um professor. O nome dele no sonho era Filo. Ao acordar, anotava o que lembrava. Estou incluindo aqui alguns exemplos. O primeiro foi uma aula na qual reconheci a influência das mensagens dos Mestres.

"... A sabedoria se alcança de forma muito lenta. Isso porque o conhecimento intelectual, facilmente adquirido, deve ser transformado em conhecimento 'emocional' ou subconsciente. Ocorrendo essa transformação, ela se fixa para sempre. O exercício comportamental é o catalisador necessário para que possa haver essa reação. Sem ação, o conceito se esvazia e desaparece. O conhecimento teórico, sem aplicação prática, não basta.

"Negligenciam-se o equilíbrio e a harmonia atualmente, mas eles são a base da sabedoria. Tudo se faz em excesso. As pessoas engordam porque comem muito. Quem corre esquece de si mesmo e dos outros porque tem pressa demais. As pessoas parecem excessivamente mesquinhas. Bebem demais, fumam demais, se divertem demais (ou de menos), falam muito sem dizer nada, se preocupam exageradamente. Pensa-se muito em termos de branco ou preto. Tudo ou nada. Essa não é a maneira de ser da natureza.

"Na natureza há equilíbrio. Os animais selvagens destroem em pequenas quantidades. Não eliminam ecossistemas inteiros. Os vegetais são consumidos e depois tornam a crescer. As fontes de sustento se renovam. Aprecia-se a flor, come-se o fruto, conserva-se a raiz.

"A humanidade não sabe o que é o equilíbrio, muito menos como praticá-lo. É guiada pela ganância e a ambição, movida pelo medo. Assim vai acabar se destruindo. Mas a natureza sobreviverá; pelo menos as plantas sobreviverão.

"A felicidade se baseia na simplicidade. A tendência para o excesso em pensamento e ação a diminui. O excesso obscurece os valores básicos. As pessoas religiosas nos dizem que a felicidade está em encher o próprio coração de amor, em ter fé e esperança, em praticar a caridade e ser generoso. Estão certas. Essas atitudes levarão ao equilíbrio e à harmonia, constituindo-se num modo de ser. Hoje em dia são um estado novo de consciência. É como se a humanidade não estivesse no seu estado natural enquanto vive na Terra. É preciso alcançar um estado novo para se encher de amor, caridade e simplicidade, para sentir a pureza, para se livrar do medo crônico.

"Como se alcança esse estado novo, esse outro sistema de valores? E, uma vez alcançado, como se pode mantê-lo? A resposta parece simples. É o denominador comum de todas as religiões. A humanidade é imortal e o que fazemos agora é aprender as nossas lições. Estamos todos na escola. É muito simples quando se é capaz de acreditar na imortalidade.

"Se parte da humanidade é eterna, e há muitas evidências e fatos históricos para que se pense assim, então por que nos causamos tanto mal? Por que atropelamos os outros, visando 'ganhos' pessoais, quando, na verdade, estamos sendo reprovados nas nossas aulas? Parece que, no final, vamos todos para o mesmo lugar, embora em diferentes velocidades. Ninguém é maior que o outro.

"Considere as lições. Intelectualmente as respostas são claras, mas a chave da questão está em atualizá-las pela experiência e tornar definitiva a marca subconsciente pela prática e a 'emocionalização' do conceito. Decorar as aulas da escola dominical não basta. Falar sem agir não tem valor. É fácil ler ou falar sobre amor, caridade e fé. Mas *fazer*, *sentir* quase requer um estado novo de consciência. Não se trata do estado de transição induzido por drogas, álcool ou uma emoção inesperada. Atinge-se o estado permanente pelo conhecimento e a compreensão. Ele se mantém pelo comportamento físico, pelas atitudes e ações, pela prática. É pegar algo quase místico e transformá-lo em familiar e cotidiano através da prática, torná-lo um hábito.

"Compreender que ninguém é maior que ninguém. Sentir isso. Praticar o auxílio ao outro. Remamos todos no mesmo barco. Se não nos esforçarmos juntos, ficaremos muito solitários."

Mas outra noite, num sonho diferente, eu fazia uma pergunta: "Como dizer que somos todos iguais, se nos defrontamos com contradições óbvias: desigualdades de virtudes, temperanças, finanças, direitos, habilidades e talentos, inteligência, aptidão matemática, *ad infinitum*?"

A resposta foi uma metáfora.

"É como se houvesse um grande diamante dentro de cada um. Imagine um diamante de trinta centímetros. Tem mil facetas, cobertas de pó e breu. Limpar cada uma delas é tarefa da alma, até que a superfície brilhe e possa refletir um arco-íris.

"Agora, uns limparam várias delas e estão brilhando. Outros só conseguiram polir algumas, não brilham tanto. Mas, sob a poeira, cada um possui dentro de si um brilhante com uma centena de facetas cintilantes. O diamante é perfeito, sem falhas. A única diferença entre as pessoas é o número de facetas limpas. Mas cada diamante é igual e todos são perfeitos.

"Quando todas as facetas estiverem limpas e brilhando num espectro luminoso, o diamante voltará à energia pura de onde se originou. A luz permanece. É como se o processo de produzir um diamante se invertesse, liberada toda a pressão. A energia pura existe no arco-íris das luzes e estas possuem consciência e conhecimento.

"E todos os diamantes são perfeitos."

Às vezes as perguntas são complicadas e as respostas, simples.

"O que devo fazer?", perguntei num sonho. "Sei que posso tratar e curar as pessoas que sofrem. Vêm me procurar em número maior do que posso dar conta. Estou muito cansado. Mas devo dizer não quando precisam tanto e posso ajudá-las? É certo dizer: 'Não, basta!'?"

"Seu papel não é o de um salva-vidas", foi a resposta.

O último exemplo que vou citar foi a mensagem para outros psiquiatras. Acordei cerca de 6h de um sonho em que estava dando uma aula para uma grande plateia de psiquiatras.

"Na corrida para a medicalização da psiquiatria, é importante não abandonarmos os ensinamentos tradicionais, embora vagos às vezes, da nossa profissão. Somos aqueles que ainda falam com seus pacientes com calma e compaixão. Ainda temos tempo para isso. Promovemos o entendimento conceitual da doença, curando por meio da compreensão e da descoberta induzida do autoconhecimento, e não apenas com raios laser. Ainda usamos a esperança para curar.

"Atualmente outros ramos da medicina consideram os métodos de cura tradicionais demasiado ineficazes, demorados e frágeis. Preferem a tecnologia às conversas, a química das análises geradas por computador à da relação pessoal médico-paciente, que cura o doente e satisfaz o médico. Abordagens médicas idealistas, éticas, pessoalmente gratificantes, perdem terreno para técnicas econômicas, eficientes, distanciadas e frustrantes.

"Consequentemente, nossos colegas se sentem cada vez mais isolados e deprimidos. Os pacientes se sentem explorados, vazios, sem atenção. Devemos evitar a sedução da alta tecnologia. Ao contrário, devemos ser um modelo para nossos colegas. Devemos demonstrar como a paciência, a compreensão e a compaixão ajudam o paciente e o médico. Usar o tempo sempre com o cuidado de falar mais, ensinando, despertando a esperança e a expectativa de recuperação – qualidades quase esquecidas do médico enquanto agente de cura – e, agindo assim, servir de exemplo para nossos colegas.

"A alta tecnologia é maravilhosa na pesquisa e para possibilitar a compreensão das doenças humanas. Pode ser um instrumento clínico inestimável, mas jamais substituirá as características e métodos pessoais inerentes ao verdadeiro médico. A psiquiatria pode ser a mais digna de todas as especialidades. Somos os professores. Especialmente agora, não devemos abandonar esse papel em prol da assimilação."

Ainda tenho esses sonhos de vez em quando. Muitas vezes, meditando, ou dirigindo na estrada, ou até sonhando acordado, frases, pensamentos e visualizações surgem em minha mente. São muito diferentes da minha maneira usual e consciente de pensar e conceituar. Frequentemente são bastante oportunos e resolvem questões e problemas que estou tendo no momento. Eu os utilizo na terapia e na minha vida diária. Considero esses fenômenos uma expansão da minha capacidade intuitiva, e eles me estimulam. Para mim, são sinais de que estou na direção certa, mesmo que tenha um longo caminho pela frente.

Ouço meus sonhos e intuições. Quando faço isso, as coisas parecem entrar nos eixos. Quando não faço, alguma coisa invariavelmente sai errada.

Continuo sentindo os Mestres perto de mim. Não sei ao certo se meus sonhos e intuições são influenciados por eles, mas desconfio que sim.

Epílogo

O livro terminou, mas a história continua. Catherine permanece curada, sem nenhum retorno dos sintomas originais. Tomo bastante cuidado ao induzir outros pacientes à regressão. Oriento-me pela constelação particular de seus sintomas e por sua resistência a outros tratamentos, pela capacidade de serem facilmente hipnotizados, pela receptividade a essa abordagem e por intuir que esse é o caminho. Desde Catherine, conduzi minuciosas regressões a diversas vidas passadas de mais de uma dúzia de pacientes. Nenhum era psicótico, tinha alucinações ou múltiplas personalidades. Todos melhoraram.

Todos os pacientes tinham origens e personalidades bastante diferentes. Uma dona de casa judia de Miami Beach se lembrou nitidamente de ter sido estuprada por um grupo de soldados romanos na Palestina, logo após a morte de Jesus. Dirigiu um bordel em Nova Orleans no século XIX, viveu num mosteiro na França, na Idade Média, e teve uma vida muito angustiada como japonesa. Foi a única, além de Catherine, capaz de transmitir mensagens do estado intermediário. Suas mensagens eram extremamente mediúnicas. Ela, também, soube de fatos do meu passado. Possui uma facilidade ainda maior de prever com exatidão os acontecimentos futuros. As mensagens vêm de um determinado espírito. Atualmente estou catalogando cuidadosamente suas sessões, pois ainda sou um cientista. Todo o material trazido por ela deve ser examinado, avaliado e confirmado.

Os outros não foram capazes de lembrar muito além das circunstâncias de suas mortes, da sensação de deixarem o corpo e flutuarem em direção à luz forte. Nenhum pôde transmitir mensagens ou pensamentos. Mas todos tiveram lembranças nítidas de vidas anteriores. Um brilhante corretor da bolsa de valores teve uma vida agradável, porém insípida, na Inglaterra vitoriana. Um artista foi torturado durante a Inquisição na Espanha. O proprietário de um restaurante, que não podia atravessar de carro pontes ou túneis, lembrou-se de ter sido enterrado vivo numa cultura antiga do Oriente Médio. Um jovem médico recordou-se de um trauma sofrido no mar quando era um viking. Um executivo de televisão foi torturado há seiscentos anos em Florença. E a lista de pacientes continua.

Essas pessoas se lembravam também de outras vidas. Os sintomas se solucionavam conforme o desenrolar da regressão. Cada um deles acredita firmemente ter vivido antes e que viverá de novo. O medo de morrer diminuiu.

Não é necessário que todo mundo faça regressões, visite médiuns ou mesmo medite. Os que apresentam sintomas incômodos ou incapacitantes podem achar que vale a pena fazer isso. Quanto aos demais, o importante é manter a mente aberta. Compreender que a vida vai além das aparências, que ultrapassa nossos cinco sentidos. Ser receptivo a novos conhecimentos e experiências. "Nossa tarefa é aprender, nos tornarmos divinos através do conhecimento."

Não me preocupa mais o efeito que este livro possa ter sobre a minha carreira. A informação que dividi é muito mais importante e, se levada em consideração, será muito mais benéfica ao mundo do que qualquer outra coisa que eu possa fazer individualmente em meu consultório.

Espero que o que você leu aqui seja de alguma ajuda, que o seu medo de morrer tenha diminuído e que as mensagens sobre o verdadeiro significado da vida lhe permitam viver da maneira mais plena possível, buscando a harmonia e a paz interior e aproximando-se com amor de seus irmãos humanos.

CONHEÇA ALGUNS DESTAQUES DE NOSSO CATÁLOGO

- Augusto Cury: Você é insubstituível (2,8 milhões de livros vendidos), Nunca desista de seus sonhos (2,7 milhões de livros vendidos) e O médico da emoção
- Dale Carnegie: Como fazer amigos e influenciar pessoas (16 milhões de livros vendidos) e Como evitar preocupações e começar a viver
- Brené Brown: A coragem de ser imperfeito – Como aceitar a própria vulnerabilidade e vencer a vergonha (600 mil livros vendidos)
- T. Harv Eker: Os segredos da mente milionária (2 milhões de livros vendidos)
- Gustavo Cerbasi: Casais inteligentes enriquecem juntos (1,2 milhão de livros vendidos) e Como organizar sua vida financeira
- Greg McKeown: Essencialismo – A disciplinada busca por menos (400 mil livros vendidos) e Sem esforço – Torne mais fácil o que é mais importante
- Haemin Sunim: As coisas que você só vê quando desacelera (450 mil livros vendidos) e Amor pelas coisas imperfeitas
- Ana Claudia Quintana Arantes: A morte é um dia que vale a pena viver (400 mil livros vendidos) e Pra vida toda valer a pena viver
- Ichiro Kishimi e Fumitake Koga: A coragem de não agradar – Como se libertar da opinião dos outros (200 mil livros vendidos)
- Simon Sinek: Comece pelo porquê (200 mil livros vendidos) e O jogo infinito
- Robert B. Cialdini: As armas da persuasão (350 mil livros vendidos)
- Eckhart Tolle: O poder do agora (1,2 milhão de livros vendidos)
- Edith Eva Eger: A bailarina de Auschwitz (600 mil livros vendidos)
- Cristina Núñez Pereira e Rafael R. Valcárcel: Emocionário – Um guia lúdico para lidar com as emoções (800 mil livros vendidos)
- Nizan Guanaes e Arthur Guerra: Você aguenta ser feliz? – Como cuidar da saúde mental e física para ter qualidade de vida
- Suhas Kshirsagar: Mude seus horários, mude sua vida – Como usar o relógio biológico para perder peso, reduzir o estresse e ter mais saúde e energia

sextante.com.br